예수, 자유의 길

ANSELM GRÜN

JESUS — WEG ZUR FREIHEIT
Das Evangelium des Markus

Copyright © 2003 Kreuz Verlag GmbH & Co. KG Stuttgart
All rights reserved

Translated by KIM Son Tae
Korean translation copyright © 2004 by Benedict Press
Waegwan, Korea

Published by arrangement with Kreuz Verlag, Stuttgart

예수, 자유의 길

2004년 9월 초판 | 2024년 4월 7쇄
옮긴이 · 김선태 | 펴낸이 · 박현동
펴낸곳 · 성 베네딕도회 왜관수도원 ⓒ 분도출판사
찍은곳 · 분도인쇄소
등록 · 1962년 5월 7일 라15호
04606 서울시 중구 장충단로 188(분도출판사)
39889 경북 칠곡군 왜관읍 관문로 61(분도인쇄소)
분도출판사 · 전화 02-2266-3605 · 팩스 02-2271-3605
분도인쇄소 · 전화 054-970-2400 · 팩스 054-971-0179
www.bundobook.co.kr

ISBN 978-89-419-0420-5 03230

이 책의 한국어판 저작권은
Kreuz Verlag과의 독점 계약으로 분도출판사에 있습니다.
저작권법에 의해 한국 내에서 보호를 받는 저작물이므로
무단 전재와 무단 복제를 금합니다.

안셀름 그륀

예수, 자유의 길
마르코 복음 묵상

김선태 옮김

분도출판사

예수, 자유의 길 • 차 례

입문_7

저자 • 14
마르코 복음의 신학 • 17
복음의 구성 • 19
신뢰의 신학 • 25
삼중의 긴장선 • 29

해석_33

시작(1,1-15) • 33
악령 들린 사람의 치유(1,21-28) • 44
나병환자의 치유(1,40-45) • 51
중풍병자의 치유(2,1-12) • 56
바리사이들과의 논쟁(2,18-28) • 60
손 오그라든 병자의 치유(3,1-6) • 66
예수에게서 영의 식별(3,20-35) • 72
예수의 비유 말씀(4,1-34) • 77
호수의 풍랑(4,35-41과 6,45-52) • 84
게라사에서 악령에 사로잡힌 사람의 치유(5,1-20) • 92

야이로의 딸과 하혈하는 부인의 치유(5,21-43) • 100
오천(6,30-44) 혹은 사천 명(8,1-10)을 먹이신 기적 • 105
이방인 여인과 그 딸(7,24-30) • 110
귀먹은 반벙어리의 치유(7,31-37) • 113
베싸이다의 맹인 치유(8,22-26) • 119
세 번에 걸친 수난 예고(8,31-33; 9,30-32; 10,32-34) • 125
간질병자 소년의 치유(9,14-29) • 134
결혼의 의미(10,2-12) • 140
재산의 의미(10,17-31) • 145
지배와 섬김(10,35-45) • 151
맹인 바르티매오의 치유(10,46-52) • 157
예루살렘 입성(11,1-25) • 162
포도원 소작인 우화(12,1-12) • 171
종말에 관한 담론(13,1-37) • 176
수난 사화(14-15장) • 186
예수 부활(16,1-8) • 210

맺는말 • 219
참고 문헌 • 229

입문

마르코는 복음서를 처음으로 쓴 인물이다. 이로써 그는 완전히 새로운 문학 장르를 창조했을 뿐만 아니라, 놀라운 신학적 업적도 일군 셈이다. 마르코 복음이 집필되던 당시에는, 자신들의 놀라운 기적 행위를 통해서 사람들을 움직였던 성자들의 말씀들이 집대성되어 있었던 것처럼 예수의 말씀들이 집성되어 있었다. 하지만 이런 말씀들은 단지 구전으로만 계속 전승되었다.

그런데 마르코는 예수의 말씀들만이 아니라 예수의 사건에도 관심을 두었다. 예수께서는 사람들이 그 가르침을 배우고 따를 수 있는 스승 이상으로 위대한 분이다. 그분은 특정한 삶의 여정과 더불어 인격으로서도 중요한 분이다. 그분 안에서 하느님의 사랑이 이 세상에 나타난 것이다. 예수께 관한 사건은 곧 하나의 선포이다. 예수께서는 말씀만을 전하신 것이 아니다. 그분은 사람을 만나셨고, 병자들을 치유하셨다. 그리고 바리사이들의 편협한 가르침에 맞서셨다. 그분은 마침내 십자가 위에서 돌아가셨다. 그분께서 돌아가실 때 태양은 빛을 잃었다. 곧 그분의 죽음은 모든 사람이 알아차릴 수 있게 되었고, 주변에 서 있던 모든 사람에게 충격을 주었다.

마르코는 자신의 복음으로, 그리고 예수의 수난, 죽음, 부활에 관한 보도로 독자들에게 충격을 주려고 한다. 곧 독자들이 이 예수 안에서 하느님께서 행동하셨으며, 그분은 오늘도 예수를 통해 우리에게 행동하신다는 것을 깨닫기를 바란다.

마르코 복음서는 가장 오래된 복음서이다. 예수 사건이 일어난 지 가장 이른 시기에 집필된 복음서이다. 그러기에 우리는 이 복음서에서 실제 그대로의 역사적 예수를 만난다. 마르코는 우리에게 예수 전승을 첫 번째로 기록하여 넘겨주었다. 마르코의 신학적 의미를 두드러지게 강조했던(이른바 편집사적 학파) 해석전승을 상대로 하여 현대의 주석학자들(예를 들어 루돌프 페쉬Rudolf Pesch)은 나자렛 예수에 관한 역사적 물음에 있어 마르코 복음서의 중요성을 강조한다. 역사적 예수는 마르코에게서 가장 강하게 드러난다. 복음서는 우리에게 예수의 역사를 묘사한다. 하지만 예수의 이 역사는 단지 고스란히 보존된 것만이 아니라 해석되기도 한다. 그러나 루돌프 페쉬는 마르코가 자신에게 전해진 예수 전승을 고스란히 보존하고 있다고 주장한다. 마르코 복음은 가장 오래된 전승을 잘 간직하고 있다는 점에서 우리에게 매력을 주고 있다.

여기서 마르코 복음을 읽고 묵상하는 나에게 관건은 우선 첫째로 마르코의 해석이 아니다. 예수께서 어떻게 삶을 영위하셨고 고통을 당하셨는지, 어떻게 사람들을 만나셨고 그들에게 말씀하셨는지 등 역사적 예수가 관건이다. 물론 나는 이런 예수를 복음서에서도 마르코라는 "안경"을 쓰고 바라본다는 것을 알고 있다. 왜냐하면 그가 전승된 자료들을 선택하고 다루었던 모든 것은 예수 사건에 대한 그의 신학적 해석이며 업적이기 때문이다. 나는 마르코 복음에서 예수를, 마르코가 그분을 어떻게 이해했는지를 체험한다. 그러나 나는 마르코가 예수의 신비를 바르게 파악했고, 자신의 해석과 더불어 나에게도 무엇인가를 말하고 있다고 확신한다.

슈바이처Eduard Schweizer는 서기 65년경 초기 그리스도교 공동체가 처해 있던 위험들에 대해 마르코가 답변을 주고 있다고 생각힌다. 비울로의 공동체들 사이에서 예수의 죽음과 부활은 극히 강조되고 있었기에 예수의 지상 생애의 의미가 거의 간과되고 있었다. 고린토 교회의 열성적인 신자들 사이에서는 지상의 예수가 천상의 영광스러운 모습에 가려져 거의 보이지 않게 되었다. 바로 이런 상황에서, 당시 일부 사람들이 이 세상에 나타난 천상의 권능과 생명을 그리스의 신이나 로마의 신과도 관련지어 이해했던 것이 큰 위험이었다. 이런 이해에서는 하느님의 사랑이 왜 하필이면 예수 그리스도를 통해 이 세상에 나타났는지 그 이유가 분명하지 않았다. 그리고 십자가는 단지 "하느님의 은총을 드러내고 율법을 통해 의화의 자유를 가져다주는 하나의 암호"(Schweizer 221)에 불과했다. 이 때문에 마르코는 구원을 지상의 예수에 고정시킨다. 공생활 중에 놀라운 기적을 통해 하느님의 권능을 사람들에게 드러내셨던 이 예수께서는 죽음의 사슬마저 부수셨다. 따라서 그분의 생애 전체와 행적을 바라볼 때 우리는 비로소 그분께서 가져다주신 구원을 이해할 수 있다. 그러니까 예수께서는 새로운 가르침을 주시거나 우리에게 하느님의 권능을 보여 주신 것만이 아니다. 그분은 하느님의 아들이시다. 이 때문에 우리는 그분 안에서 구원하시는 하느님의 권능을, 예수께서 지상에 머물러 계시며 갈릴래아를 거니셨을 당시와 마찬가지로 감지하고 누릴 수 있다.

슈바이처에 따르면, 마르코는 두 번째 위험에도

답변을 준다고 한다. 당시 헬라계 공동체들에는 소위 "신적 인간"*theoi aneres*, 곧 "그리스, 소아시아, 시리아 등의 도시들을 두루 돌아다니며 마술적 속임수를 쓰거나 자신들의 인격과 명성으로 영향력을 행사하여 대중을 열광의 도가니에 몰아넣었던 '기적쟁이들'이 있었다. 사람들은 그들에게서 신적 권능이 강생한 흔적을 찾았고, 그들에 관한 놀라운 일을 이야기했다"(Schweizer 221). 이 때문에 예수를 이와 비슷한 인물로 생각한 그리스도인들이 헬라계 공동체에는 많았다. 이에 대해 마르코는 평범한 일상을 영위하시고 수난의 고통마저 겪으시는 예수의 지상 생애를 강조한다. 마르코는 예수의 구체적 역사를 설명함으로써 요한이 다음과 같은 신비로운 문장으로 언급하려던 내용을 표현한다. "정녕 말씀이 육신이 되시어 우리 가운데 거처하셨다"(요한 1,14).

마르코는 모든 복음사가들이 보도하고 있는 치유 이야기를 대부분 보도했다. 이로써 마르코는 소위 "신적 인간들"에 의해 이루어진 많은 기적 이야기들에 대해 답변을 주려고 했다. 마르코는 이런 치유들을, 예수께서 갈릴래아에서 복음을 선포하시고 바리사이들과 율법학자들과 많은 논쟁들을 벌이시고, 제자들을 가르치시는 일상활동으로 보았다. 마르코는 치유 이야기들을 다른 복음사가들보다 매우 상세하게 설명한다. 예수께서 병자들에게 가까이 다가가시는 모습에서 그분의 치유 방식을 깨닫게 된다. 하지만 마르코가 이런 치유 이야기들을 소개하는 이유는 예수께서 당시의 "신적 인간들"보다 더 위대하신 분임을 말하기 위한 것이 아니라, 다음의 메시지를 우리에게 선포하기 위해서다. "당시에 병자들을 치유하셨던 예수께서 오늘날 그대도 치유하실 수 있다. 그분께서는 지금 하느님의 영광을 누리시는 주님이시기 때문에, 신적 권능으로 오늘날 그대의 상처를 치유하기를 원하신다."

마르코는 예수께서 새로운 가르침을 권위있게 선포하시고 역동적 기적 dynameis 을 행하시는 하느님의 아들이시라고 소개한다. 하지만 수난에서 예수께서는 자신을 죄인들에게 내주시는 무력無力함을 보이신다. 마르코는 이 둘을, 곧 예수께서 적대자들과 싸우시고 병자들을 치유하시는 능력과, 십자가에서 죽으시는 무능을 서로 밀접하게 관련이 있는 것으로 본다. 십자가에서 죽으시는 예수의 무능에서 바로 죽음을 극복하는 하느님의 권능이 드러난다. 예수께서는 악마의 세력에 넘겨지신다. 하지만 사랑에서 비롯된 무능으로 그분은 악마를 이겨내신다.

마르코 복음 전체는 예수께서 악마들과 벌이시는 논쟁으로 일관하고 있다. 이는 오늘날 독자들에게 낯설게 여겨진다. 하지만 많은 사람들이 심리적 문제들로 고통을 겪는 시기에는 악마와 벌이시는 예수의 논쟁은 시사하는 바가 매우 많다. 악마의 파괴적 권세에서 인간을 구해 내는 것이 중요하기 때문이다. 인간은 오늘날 악에 의해 결정된 세상 속에 맡겨져 있다. 이런 사실은 폭력과 테러의 증가에서만 엿볼 수 있는 것이 아니다. 생각보다 많은 이들이 악의 세력에 매력을 느끼고 있다. 상처 입은 사람이 다시 다른 사람들에게 상처 주는 일이 허다하다. 유년기에 이미 인격적 존엄성에 큰 상처를 입은 나머지 다른 사람들을 억압하고 괴롭히는 사람들이 있다. 이들은 다른 사람을 죽도록 괴롭히고 고통스럽게 할 때 비로소 자신이 살아 있음을 느낀다. 또 어떤 사람들은 계속하여 모든 모욕과 실패를 거듭 맛보았기 때문에 악하게 되기도 한다.

예수께서는 이런 사람들에게 가까이 다가가신다. 그분은 그런 사람들을 만나기를 두려워하지 않으신다. 그분은 그들에게 성큼 다가가시고, 그들을 일으켜 세우신다. 그분은 그들에게 스스로 서 있도록 용기를 북돋아 주신다. 그분은 상처 입은 그들을 온전히 받아주시고, 그들의 존엄을 회복해 주신다. 내가 마르코 복음에서 만나는 예수는, 인간을 위해 투쟁하시고, 악마와의 대결을 마다하지 않으시는 분이다. 그리고 불안에는 신뢰를, 절망에는 희망을 심어 주시는 분이다.

이렇게 악마와 하느님의 권능으로 대적하시는 예수께서는 수난에서 악마의 세력에 무기력하게 넘겨지신다. 이런 권능과 무능을 마르코는 소위 메시아 신비를 통해서 결합시킨다. 예수께서는 당신 제자들과 치유를 받은 병자들에게 당신의 권능을 알리지 말라고 당부하신다. 이 예수가 실제로 누군지는 아무도 몰라야 한다. 죽음과 부활에서야 비로소 예수께서 참된 메시아라는 사실이 드러날 것이다. 당시에 많은 사람들이 생각했던 메시아상이 온전하게 완성될 것이다. 그분은 정치적 해방을 가져다주는 메시아와는 다른 분이다. 메시아의 참된 본질은 예수께서 부활하신 다음 현양을 받으실 때 비로소 알려질 것이다.

저 자

마르코 복음은 초대교회 이후부터 줄곧 요한 마르코에 의해 집필되었다고 인정되었다. 마르코는 요한의 로마식 별칭이다. 이는, 마르코가 "자유의 몸으로 석방된 사람들libertini의 한 가문에 속한 인물이거나 자유의 몸으로 해방된 사람"(Grundmann 20)임을 시사한다. 고대교회의 전승은 마르코가 사도 베드로와 깊은 관련이 있다고 증언한다. 130년경에 파피아스 Papias는 마르코가 베드로의 통역관이었다고 증언한다. 마르코는 "주님의 말씀과 행적을 듣고 기억했다가, 무질서하지만 모든 내용을 정확하게 기록했다" (Grundmann 22). 통역관을 뜻하는 그리스어 "헤르메네우테스"*hermeneutes*는 해석하는 사람, 의미를 부여하는 사람으로 옮길 수 있다. 마르코는 베드로의 설교들을 그리스 사람들이 이해할 수 있도록 옮긴 것이다. 그는 이방계 그리스도인을 위해 복음을 집필한다. 그러니까 그는 이방인들에게 예수의 말씀과 행적을 설명하는 중요한 역할을 받아들인 셈이다. 마르코는 예수께서 활동하셨던 유다계 문화권에 속하지 않은 "이방인"을 위해 예수의 말씀과 행적을 설명한다. 그는 헬라계 공동체들을 겨냥하고 있다. 이 공동체들은 상이한 종교들, 영적 조류들, 페르시아의 신비적 문화들, 그노시스, 그리스와 로마의 신상 등 다양하게 영향을 받고 있었다. 유다인들의 많은 관습들은 헬라계 공동체에 알려지지 않았고 또 자주 오해를 불러일으켰기 때문에, 마르코는 독자들을 위해 이런 관습들을 설명한다. 마르코가 사용하는 그리스어는 셈족 특유의 특징들을 분명히 지니고 있기 때문에, 마르코는 그리스에 거주하는 유다계 그리스도인이라고 추측된다. 마르코가 종종 라틴어의 표현을 구사하고 있다는 점도 눈에 띈다. 이는 그가 복음을 로마에서 집필했다는, 아니면 적어도 로마 제국의 영역 안에서 집필했다는 강력한 증거이다. 마르코는 팔레스티나의 지리에 대해 잘 알지 못한다. 이런 사실은 그가 예수의 활동 장소를 언급하는 데서 확인할 수 있다.

복음서의 집필 시기는 대략 65년경으로 추측된다. 복음서는 예루살렘 멸망 이전에 집필되었지만, 전쟁의 위협이 가중되는 상황에서 기록되었다. 그러나 그닐카Gnilka는 예루살렘 멸망 이후에 곧장, 그러니까 70년 이후에 복음서가 집필되었다고 주장한다. 마르코가 복음서를 유다 전쟁 이전에 집필했는지 혹은 전쟁 이후에 아니면 전쟁 중에 집필했는지 그 여부는 예수께서 성전 파괴에 관해 언급하시는 마르코 복음 13장의 해석에 달려 있다. 종말에 관한 마르코의 보도가 어떤 상황과 연관되어 있는지 주석가들마다 그 해석이 서로 다르다. 칼리굴라 황제가 자신의 흉상을 성전에 세웠던 40~41년의 혼란의 상황을 가리키는지 혹은 그리스도교 원시 공동체가 예루살렘에서 펠라로 피신했던 유다 전쟁의 시작을 말하는지, 70년에 있었던 예루살렘의 초토화를 말하는지 그 의견이 분분하다. 하지만 복음이 정확하게 언제 집필되었는가의 물음은 그 메시지를 파악하는 데 그다지 중요하지 않다.

마르코 복음의 신학

마르코의 문헌은 네 복음서 가운데 가장 오래된 문헌이다. 마태오와 루가는 마르코 복음을 인용한다. 그들이 마르코 복음을 그대로 따르고 또 변경했던 양식과 방식에서 우리는 그들의 편집방향과 고유한 신학을 인식할 수 있다.

그런데 마르코 복음에서 마르코가 단순히 전승해 주는 부분이 어떤 것이고, 전승된 유산에다 자신의 개인적 관심사를 표현한 부분이 어떤 것인지를 식별하는 일은 상당히 어렵다. 이 때문에 마르코 복음의 바탕에 놓여 있는 신학을 깨닫는 일은 쉽지 않다. 이런 이유에서 지난 세기에 마르코의 신학을 다루고 연구했던 시도들이 많이 있었다. 슈라이버Johannes Schreiber는 마르코의 신학이 신뢰의 신학이라고 말한다. 캐제만Ernst Käsemann은 마르코가 그리스도교 계시의 역사적 차원을 변호했던 점을 중요하게 여긴다. 미국의 주석가들은 마르코가 예수의 기적 행위에만 의존하는 그리스도인에 맞서 십자가의 신학을 전개하고 있다고 생각한다.

마르코의 신학을 묘사하는 이런 모든 시도는 나름대로 옳은 점이 있다. 하지만 우리는 마르코가 예수 상像을 얼마나 충실하게 전해주고 있으며, 전승된 내용을 자신의 독자적인 신학적 시각으로 어느 정도 해석하고 있는지를 명확하게 알 수 없다. 마르코 복음을 묵상할 때 중요한 것은 치유자요 의사이며, 하느님에 관해 올바르게 가르치시는 스승 예수 그리스도를 만나는 일이라고 생각한다. 그리고 하느님의 위임으로 인간을 악마의 세력에서 해방하시고, 당신의 목숨을 바치심으로써 악마를 이겨내신 그리스도를 만나는 것이 중요하다.

지난 40년 동안 많은 주석가들은 마르코에게 본래 전승된 문헌과 그에 의해 첨가된 내용을 구분하기 위해 지대한 노력을 기울였다. 그들은 마르코 이전 전승의 신학을 밝히는 한편, 마르코가 신학자로서 그 전승을 나름대로 해석하고 또 의미를 부여했다는 것을 제시하려고 했다. 하지만 이런 노력들의 결과는 아주 빈약했다. 주석가들은 마르코 이전 전승과 이에 대한 마르코의 해석을 명확하게 구분하는 일 자체에서 서로 이견을 보였다. 나는 여기서 이런 논쟁을 다루지 않을 것이다.

우리가 마르코 복음을 우리에게 전승된 한 권의 문헌으로 받아들인다면, 마르코가 자신의 복음서를 얼마나 인위적으로 구성했는지를 알아차릴 수 있을 것이다. 우리는 복음서의 일정한 통일성과 논리적 구조를 통해 그의 신학을 발견할 수 있다. 네덜란드의 주석가 바스 반 이에르셀Bas van Iersel은 마르코가 우리에게 짜임새있는 한 권의 책을 전해주었다는 사실에서 출발하여 해석한다. 따라서 있는 그대로의 책을 읽고, 그 구성과 내적 논리에 따라 마르코 복음을 이해하는 것이 우리의 과제일 것이다. 만일 우리가 현대의 문학 연구를 매개로 하여 마르코 복음서를 대한다면, 마르코가 독자들이 예수 그리스도의 신비에 깊이 들어갈 수 있도록 자신의 복음서를 독자들 개인에게 내맡기고 있음을 깨달을 것이다.

복음의 구성

이에르셀은 복음서의 인위적인 구조를 묘사하고 묵상함으로써 마르코의 신학을 전개한다. 그는 마르코 복음에서 "집약적" 구성을 발견하고, 이를 "샌드위치 구성"이라고 부른다. 이런 구성은 마르코 복음서의 전체 구조에서만이 아니라 각장 안에서도 발견된다. 이에르셀은 "두 이야기들이 다른 이야기를 에워싸도록 서로 일정한 공간을 허용하는"(Iersel 296) 이런 "샌드위치 구성"이 마르코 복음에서 일곱 번이나 찾아볼 수 있다고 한다. 문헌들을 서로 엮어 짜는 이런 양식에서 우리는 마르코의 신학적 의도를 찾아볼 수 있다.

예를 들어 보자. 마르코는 두 번에 걸친 예수 친척들의 방문 이야기 사이에 율법학자들과 벌인 논쟁을 삽입한다. 율법학자들은 예수께서 악령에 사로잡혀 악령의 힘으로 병자들을 치유한다고 비난한다(3,20-35). 예수께서는 이렇게 대답하신다. "한 집안이 갈라지면 그 집안은 지탱할 수 없습니다"(3,25). 따라서 마르코가 가정의 주제를 상이한 관점에서 다루고 있다는 것이 분명해진다. 한편으로 그는 당신 자신을 반대하는 실제 가족에 대해 이야기하고 있고, 다른 한편으로는 악마의 세력에 사로잡힐 경우 갈라질 위험에 있는 공동체의 가정에 대해 말하고 있다. 이런 "샌드위치 구성"에는 항상 결정적인 진술이 담겨 있다. 곧 마르코는 마귀, 악령, 미신 등에 마음을 **빼앗기지** 말도록 공동체에 강력하게 경고하고 있다.

이에르셀은 마르코 복음 전체를 크게 다섯 단락으로 나누고, 첫 단락과 마지막 단락, 둘째 단락과 넷째 단락이 서로 일치를 이루고 있다고 생각한다. 복음은 광야에서 일어난 사건의 이야기로 시작하고 (1,2-13), 무덤 이야기로 끝난다(15,44-16,9). 광야와 무덤은 어둠과 악마가 자리잡은 두 장소이다. 마르코는 이를 더러운 영에 사로잡힌 게라사 사람의 치유 이야기를 통해 말하고 있다. 악령 들린 그는 무덤에서 살았던 것이다. 광야와 무덤은 어둠의 세력에 의해 결정된 곳이다. 예수께서는 바로 이런 영역에 들어오시어 당신의 복음과 힘찬 활동, 죽음과 부활을 통해 악마의 세력을 이겨내신다. 세례자 요한은 하느님 나라를 선포하는 전령으로 광야에 나타난다. 무덤에서 천사는 흰 옷을 입은 채로 나타나 복음의 핵심 내용을 선포한다. "그분은 부활하셨습니다"(16,6). 예수의 복음을 통해, 그분의 수난과 부활을 통해 광야와 무덤처럼 죽음이 지배하던 곳에서 새 생명이 자란다.

이에르셀은 복음의 핵심적인 두 단락으로 예수의 갈릴래아 활동(1,16-8,21)과 예루살렘에서의 운명(11,1-15,39)을 꼽는다. 갈릴래아는 예수께서 복음을 선포하고 병자들을 고쳐주셨던 땅이다. 여기서 그분은 사람들에게서 인정을 받았고, 당신 곁에 제자들을 모았다. 이에 비해 예루살렘은 율법학자와 대제관들에게 속하는 도시이다. 여기서 예수께서는 기적을 행하지 않으신다. 그분은 거부되고 마침내 처형된다. 예수께서 갈릴래아에서 사람들에 선한 일을 하신 반면, 예루살렘에서는 사람들에게서 악한 것들을 많이 체험하신다. 갈릴래아는 그분에게 성공, 비약, 생명의 장소이다. 갈릴래아에서 그분은 언제나 생명을 일깨워주신다. 이에 반해 예루살렘은 실패와 몰락과 죽음의 도시다.

갈릴래아와 예루살렘 사이에는 복음의 중심으로서 여행하시는 예수가 묘사된다(8,27-10,45). 예수께서는 제자들과 함께 예루살렘을 향한 여정에 오르신다. 여기서 그분은 당신을 따르던 남자와 여자들에게 세 번 반복하여 예루살렘에서 겪게 될 당신의 처참한 죽음을 예고하신다. 그리고 그때마다 그분은 사흘 만에 부활하실 것이라고 말씀하신다. 예수께서는 예루살렘 여정에서 사람들과의 만남을 피하신다. 그분은 오직 제자들에게만 말씀하시지만, 공개적이고 분명하게 말씀하신다.

예수의 갈릴래아 활동에 관한 단락에서는 "곧" *euthys*이란 단어가 40회나 반복되는 반면, 예루살렘 여정 중의 예수 모습을 전하는 셋째·넷째 단락에서는 불과 10회 정도 나온다. 예수의 활동이 아주 성급하게 이루어졌음을 뜻한다. 한 사건에서 다른 사건으로 신속하게 넘어갔던 것이다. 이 때문에 나중에 예수께서 제자들을 따로 가르치실 시간이 필요했다. 제자들도 예수께서 누구신지를 이해하는 시간이 필요했고, 그것이 예루살렘을 향한 여정 중에 이루어진다.

예수의 갈릴래아 활동과 예루살렘에서의 죽음 사이에 맹인을 치유한 두 이야기가 있다(8,22-26; 10,46-52). 이 두 이야기는 그때마다 다음 단락으로 넘어가는 다리 역할을 한다. 첫 번째 맹인 치유는 제자들의 눈 멂과 관련되어 있다. 왜냐하면 마르코는 맹인 치유에 앞서, 제자들이 예수와 함께 탔던 배에서 겪은 일이 무엇이며, 그분이 그들에게 말한 바를 아직도 이해하지 못하는 점을 설명하고 있기 때문이다. 예수께서는 그들에게 이렇게 책망하신다. "눈이 있어도 못 봅니까?"(8,18). 제자들도 바리사이파 사람들처럼 눈이 멀었다. 예수께서는 두 번째 맹인을 치유하신다. 이어지는 두 장면, 곧 예루살렘을 향한 예수의 여행과 예루살렘에서의 운명은 두 번째 맹인 치유 장면과 너무 잘 어울린다. 하지만 제자들은 그 여행 중에서도 예루살렘에서도 제대로 보지 못한다. 제대로 보는 눈으로 예수를 추종했던 유일한 제자는 맹인 바르티매오이다. 예수께서 그를 고쳐주셨을 때 성서는 그에 대해 이렇게 말한다. "그러자 곧 그는 다시 보게 되었고, 예수를 따라 길을 나섰다"(10,52). 따라서 바르티매오는 독자들로 하여금 열린 눈으로 예루살렘을 향하시는 예수를 따르고 죽음과 부활의 신비를 묵상하도록 초대하고 있다. 복음은 갈릴래아에서 예수를 뵙게 될 것임을 독자들에게 말하면서 끝맺는다(16,7). 제자들이 바르티매오처럼 예수의 길을 추종하려고 각오할 때만 그분의 길을 제대로 볼 수 있는 것이다.

이에르셀은 마르코 복음의 집약적 구성에서 의도된 신학적 내용을 간파한다. 그는 곧 크게 다섯 단락으로 구성된 복음의 중간 부분인 셋째 단락에 예수의 길이 자리잡고 있다고 생각한다. 독자가 복음을 끝까지 읽을 때 예수의 길을 추종하도록 초대받게 된다는 것이다. 독자는 바르티매오처럼 예수의 길을 제대로 보면서 걷고 또한 그 여정 중에 위험과 저항, 박해와 몰이해 등으로 주춤거리지 않을 때만 예수를 제대로 이해할 것이다. 참된 신앙은 "예수의 길을 다시 한번 걷도록 요구한다. 이것이 마르코 복음서의 본질적 의도라면, 가운데 단락은 가장 중요한 단락이며, 복음의 핵심 내용을 담고 있다고 말할 수 있다"(Iersel 300).

그러므로 마르코는 예수 메시지의 의미에 대해 이리저리 심사숙고하는 신학자들을 위해 복음을 집필하지 않는다. 자리를 박차고 일어나 예수를 추종하려는 각오가 되어 있는 사람들을 위해 집필한다. 그리고 그는 예수께서 십자가의 죽음으로 악마의 세력을 이겨내시고 인간에게 자유의 길을 열어 주셨다고 믿기 때문에 십자가를 피하지 않는 제자들을 위해서도 복음서를 집필한다. 따라서 우리는 마르코 복음을 책상 위에서 연구할 수 없다. 내가 움직이려는 자세가 되어 있을 때만, 예수의 길의 신비를 깨닫게 된다. 그분의 길은 성공적 활동의 장소인 갈릴래아에서, 반대자들이 그분을 십자가에 못박은 도시 예루살렘으로 향하는 길이다.

이는 우리의 생명을 위한 하나의 비유가 된다. 우리는 모든 것이 순조롭게 진행되는 갈릴래아에 머물기를 원한다. 하지만 길은 우리가 죽을 곳 예루살렘으로 나 있다. 이런 여정에서 우리는 실패·거부·좌절을 체험할 것이다. 여정은 틀림없이 죽음으로 끝날 것이다. 하지만 바로 여기에 마르코 복음서의 기쁜 소식이 담겨 있다. 그것은 우리가 영원히 죽음 속에 머물지 않을 것이라는 소식이다. 곧 우리의 무덤 안에서 흰 옷을 입은 천사는 우리에게 우리의 부활을 선포할 것이다.

신뢰의 신학

요하네스 슈라이버Johannes Schreiber는 마르코 복음에 관한 자신의 연구를 "신뢰의 신학"으로 지칭했다. 내가 마르코 이전의 전승과 마르코에 의한 편집을 구분했던 슈라이버의 분석을 따르지 않을지라도, 나는 슈라이버가 주장하는 마르코의 근본 주제를 인정하고 싶다. 마르코는 나자렛 예수에 관해 이렇게 묘사한다. 그분은 하느님께서 가까이 계시다는 신뢰로부터 당신의 내적인 권능을 믿었던 분이고, 당신 마음속에 있는 바를 단순하게 말씀하시고 하느님께서 원하시는 바를 가차없이 행하시는 분이며, 적대자들과의 대결에서도 하느님께 대한 신뢰를 끝까지 지키시는 분이다. 그분은 많은 율법학자들과 바리사이파 사람들과 홀로 대적하시면서도 하느님에 관해 체험했던 바를 간직하신다. 그리고 예수께서는 적대자들에 의해 체포되어 유죄를 선고받고, 고문당하고, 모욕당하고 죽으실 때도 하느님께 대한 신뢰를 버리지 않으셨다. 그분의 신뢰는 바로 십자가의 죽음에서 완성된다.

 슈라이버는 신뢰의 신학이 특히 예수의 십자가 죽음에 대한 마르코의 이해에 근거하고 있다고 본다. 마르코에 따르면 십자가의 신학은 곧 신뢰의 신학이다. 마르코는 자신의 복음 전체를 십자가를 향하게 한다. 그러기에 마르코 복음은 "서론이 상세한 수난 사화"라고 불린다. 십자가는 많은 이야기들 가운데 유난히 돋보인다. 예수께서 손이 오그라든 사람을 고쳐주셨을 때 이미 바리사이파 사람들과 헤로데 당원들은 예수의 죽음을 모의한다(3,6). 예수께서는 갈릴래아에서 활동할 때 유다인은 물론 이방인도 고쳐 주신다. 그분의 십자가 죽음은 가장 큰 기적이며, "마르코 복음 전체는 이 기적을 향하고 있다"(Schreiber 234). 이 기적은 "하느님을 외면하는 이방인을 위해 일어난다." 예수 죽음의 기적을 이해한 첫 사람은 이방인 백부장이다. 복음은 그가 십자가에 달린 예수의 비명소리를 들었던 것이 아니라 보았다고 말한다. 바라봄, 깊이있게 바라봄은 신앙에 속한다. 만일 내가 예수의 비참한 십자가 죽음에서 그리고 그 죽음의 비명소리에서 하느님께 대한 예수의 절대적인 신뢰를 본다면, 나는 마르코 복음의 메시지를 이해했다고 말할 수 있을 것이다.

십자가의 죽음에서 하느님의 사랑에 대한 예수의 무조건적인 신뢰가 드러난다. 그리고 십자가에서, 인간들을 위해 당신 자신을 투신하신 예수, 병자들을 고쳐주시고, 악마의 세력에서 해방되기 위해 투쟁하셨던 그분의 사랑이 완성된다. 마르코는 죽음의 무기력에서 악마의 세력을 이겨내신 예수의 사랑을 역설적인 비유로 묘사한다. "이웃의 생명을 위해 헌신하는 이 사랑은 죽음으로써 생생하게 된다. 그러니까 이 사랑은 숙으면서 죽음을 이겨낸다. 예수의 죽음으로부터 사랑의 새 생명이 의기양양하게, 마지막 희생을 각오하면서 나타나기 때문이다"(Schreiber

232). 예수 안에서 하느님의 사랑은 무기력과 실패의 모습으로 나타나기 때문에, 제자들이 그 사랑을 믿기 어렵다. 그들은 마지막 순간까지 예수께서 보여주신 하느님의 사랑을 믿지 못한다. 독자는 예수의 죽음 안에서 어둠의 세력에 대한 승리를, 미움에 대한 사랑의 승리를, 모든 불안에 대한 신뢰의 승리를 보도록 초대받고 있다. 마르코에게 예수님은 참된 신앙인이시다. "그분은 온갖 시련 중에서도 신앙을 지키고 하느님 아버지를 조건없이 신뢰하신다"(Schreiber 240). 그분은 "하느님께 버림을 받은 온갖 상황 속에서도(15,34) 하느님을 절대적으로 신뢰하는 표현으로"(Schreiber 242) 죽으신다. 독자는 죽음에 직면해서도 하느님을 끝까지 신뢰하시는 예수의 모습을 묵상함으로써, 하느님께서 모든 불안과 곤궁을 극복해 주시고, 하느님에게서 우리를 떼어 놓을 수 있는 것은 아무것도 없다는 것을 예수와 더불어 신뢰하도록 초대받을 것이다.

마르코는 많은 불안으로 인해 괴로워하는 현대인들에게 신뢰의 신학을 이야기하고 있다. 불안은 우리 시대의 근본 주제이다. 마르코는 값싼 위로를 언급함으로써 불안을 잠재우지 않는다. 오히려 불안과 고독과 거부 그리고 실패의 모든 상황을 묘사하고, 가장 극심한 고독과 무기력의 장소인 십자가에서 사랑의 승리를 밝혀 줌으로써 불안을 잠재운다. 마르코는 이런 십자가 신학으로 현대인의 가장 큰 불안인 곤궁·실패·질병·외로움·고독에 대해 해답을 주고, 궁극적으로는 죽음의 불안에 대해서도 해답을 내린다. 마르코는 십자가에서 불안에 대한 신뢰의 승리만을 볼 수 있는 것이 아니라, 우리와 함께 고독과 무능의 길을 걸으시는 예수를 볼 수 있다고 말한다. 우리는 십자가의 길을 가시는 예수를 추종하려고 각오할 때, 죽음이 사랑을 물리칠 수 없음을 이해할 것이며, 바로 무기력한 모습을 보이는 사랑이 가장 힘있는 것임을 이해할 것이다.

삼중의 긴장선

루돌프 페쉬Rudolf Pesch는 전승된 자료들을 질서 정연하게 배치하는 구성을 마르코의 신학적 업적으로 본다. 동시에 그는 삼중의 긴장 이음선을 지적한다: 첫째는 예수의 길과 관련된다. 예수의 길은 세례자 요한이 준비하는 길로 시작되며, 부활하신 주님께서 제자들에 앞서 갈릴래아로 가는 것으로 끝난다. 예수의 길은 그분의 활동을 포괄하고 있으며, 마침내 십자가 죽음을 향한 여정을 포괄하고 있다. 그 길은 제자들의 길, 곧 추종의 길에 모범이 된다.

둘째로 선교의 이음선을 지적한다. 마르코는 예수의 활동에 대한 사람들의 반응을 보도한다. 먼저 사람들은 그분의 기적 활동에 놀란다. 하지만 권위있는 그분의 설교에 대해서도 사람들은 놀라움을 감추지 못한다. 예수의 활동에 대한 사람들의 놀라운 반응과 신앙고백은 함구령에 처해진다. 그분의 신원은 공생활 동안에 비밀에 부쳐져 오해를 받지 않아야 한다. 선교의 긴장 이음선은 "예수의 죽음 후에 백인대장의 고백으로" 끊어진다(Pesch 60). 그리고 이 이음선은 예수께 대한 올바른 신앙고백을 보존하고 있는 그리스도교 공동체에 이어져, 이 공동체가 늘 새롭게 복음을 선포한다. 따라서 페쉬는 "마르코의 책 전체는 선교의 책이다(Pesch 61)"라고 결론짓는다.

셋째 긴장 이음선은 "세례(1,11), 거룩한 변모(9,7)와 죽음(15,33.38; 16,6 이하) 등의 사건에서 계속되는, 예수의 신원에 대한 하늘의 계시이다"(Pesch 61). 예수께서는 복음의 처음과 가운데와 마지막 부분에서 하느님에 의해 각각 그분의 참된 아들로, 하느님의 영광을 밝히며 이 세상의 어둠에 빛을 가져다주시는 분으로 계시된다. 복음은 예수의 신적 존엄성을 모든 백성에게 선포하고 있는 것이다.

마르코 복음에는 또 다른 긴장 이음선이 있다. 나는 마르코 복음의 문헌을 대하면 대할수록 구성의 기술에 새삼 놀라게 된다. "샌드위치 방식"은 마르코가 상이한 주제들을 어떻게 하나로 모으고 있는지, 자신에게 전승된 내용들을 개인적 관심사에 따라 어떻게 조정하는지 우리에게 보여 주었다. 우리는 여기서 전승된 내용과 마르코에 의해 조정된 내용을 굳이 구별할 필요가 없다. 복음은 우리에게 전승된 내용 그대로 하나의 예술 작품이다. 이 작품은 기적을 행하신 예수를 놀라운 눈으로 바라보도록, 불안 속에서 허덕이는 우리가 신뢰하는 마음을 불러일으키시는 그분께 의탁하도록 초대하고 있다. 그리고 예수를 하느님의 아들로 고백하고, 십자가에 달리시고 부활하신 그분을 추종하도록 초대하고 있다. 그분은 우리보다 앞서 그 길을 가신 것이다.

해석

시작(1,1-15)

마르코는 자신의 복음서를 "시작"이란 뜻의 의미심장한 단어 "아르케"*arche*로 시작한다. 이로써 그는 창조의 한처음을 상기시킨다. 하느님께서는 예수 안에서 새로운 시작을 이루신다는 것이다. 하느님께서는 인간을 새롭게 창조하신다. 그분은 구원을 아주 새롭게 이루신다. 그것은 "하느님의 아드님이신 예수 그리스도의 복음의 시작"(1,1)이다. 마르코가 선포하는 기쁜 소식은 사람에게 기쁨을 가져다주는 소식이다. 마르코는 책 전체를 "복음"이라 불렀던 첫 사람이다. 복음은 보통 기쁜 소식을 뜻한다. 구약성서에서 대부분의 천사들은 인간에게 기쁜 소식을 선포하는 하느님의 전령이다. 이들은 기쁜 소식의 전령으로 나타나 원수에 대한 하느님의 승리를 선포한다.

로마 제국에서 황제의 사면은 곧 복음이었다. 황제가 명을 내리면, 그 명은 기쁜 소식으로 나라에 선포되었다. 그 명은 사람들에게 행복과 구원을 약속했다. 마르코는 하느님께서 예수 안에서 새로운 나라를 이루신다는 기쁜 소식을 선포한다. 그 나라는 하느님께서 다스리시는 나라로, 인간들이 하느님의 가까이 계심을 행복과 구원으로 체험하는 나라이다.

마르코 복음은 예수 그리스도에 관해 다루고 있다. 마르코는 여기서 의식적으로 장엄하게 이중의 이름을 부르고 있다. 이 이름은 초대교회에서 거룩한 이름으로 여겨졌다. 예수 그리스도는 복음서 첫 부분에서 하느님의 아들이라고 불린다. 복음서 말미에 로마의 백인대장은 예수의 이 칭호를 다시 언급할 것이고, 이를 통해 복음 전체를 요약한다. "하느님의 아들"은 마르코에게서 사람이 되셨지만, 영원으로부터 존재하시는 성삼위의 제2 위격이신 성자를 아직 뜻하지 않는다. 유다교에서 왕은 "하느님의 아들"로 불렸고, 메시아와 이스라엘 백성도 그렇게 불렸다. 유다인들은 지혜를 가르치는 스승도 하느님의 아들이라고 했다. 그러니까 유다교에서 하느님의 아들은 하느님과 본질이 동등한 존재를 뜻하는 것이 아니라 하느님께 속한 존재를 뜻한다. 따라서 예수께서는 아주 특이하게 하느님께 속한 분이며, 하느님과 아주 가까운 분이며, 하느님의 영에 충만한 분이다. 그리스인들은 "하느님의 아들"이란 개념을 하느님에 의한 출생과 결부시켰다. 제우스는 수많은 아들딸들을 낳았다. 그리고 당시에 어디에서나 쉽게 찾아볼 수 있었던 "신적 인간들"*theoi aneres*은 종종 하느님의 아들들로 불렸다. 그들에게서 신적 불꽃이 일었다. 그들은 결국 신에게서 비롯되었다. "인간은 그 이성으로 볼 때 신의 후예이며, 그 자체로 신적 씨앗을 지니고 있다"(Gnilka 60)고 스토아 철학은 생각했다. 하지만 마르코는 자신이 소중하게 여겼던 "하느님의 아들"이란 칭호를 유다교 전통에서 이끌어냈다. 그럼에도 그는 자신의 복음서를 이방계 그리스도인, 곧 그리스식으로 양성된 그리스도인을 위해 썼다. 그리고 이 이방계 그리스도인은 하느님의 아들이란 칭호를 그리스 신화와 철학이 생각했던 의미로도 틀림없이 받아들였을 것이다.

복음의 시작은 세례자 요한의 모습으로 나타난다. 세례자 요한은 광야에서 울려 퍼지는 소리로 사람들에게 주님의 길을 마련하라고 외친다. 마르코는 여기서 이사야서를 인용하는데, 그리스어 70인역에서 발췌하고 있다. 이사야서에서 예언사는 하느님을 주님으로 생각했다. 그러나 마르코는 예수를 주님으로 생각한다. 그러니까 요한은 이 세상의 참된 주님이신 예수의 길을 준비하는 것이다. 요한은 사람들에게 마음의 길을 고르게 하라고 호소함으로써 예수 그리스도께서 그들의 마음에 오시어 성령으로 가득 채워주실 수 있게 한다. 그리고 나서 마르코는 요한을 당시 베두인 사람처럼 낙타털옷을 입고 메뚜기와 들꿀을 먹고 살았던 엄격한 고행자로 소개한다. 마르코는 회개에 대한 요한의 설교를 그냥 지나친다. 그 대신 마르코는 자기보다 뒤에 오시지만 자기보다 더 위대하신 예수만을 알리는 요한을 소개한다. 예수께서는 사람들에게 성령으로 세례를 베푸실 것이다. 요한의 세례는 회개를 위한 세례였다. 이 세례는 사람들이 과거의 나쁜 행실을 버리고 용서를 받아 이제 하느님의 계명을 새롭게 지키겠다는 하나의 의식이었다. 그래서 회개 없는 세례는 아무 효과가 없었다. 그러나 예수의 세례는 전혀 차원이 다르다. 이 세례로 인간은 성령으로 충만하게 되어 날마다 완전히 새로운 삶의 태도를 취하게 된다.

    요한에게서 받은 예수의 세례는 그분의 공적 활동의 시작을 알린다. 마르코는 예수에 대하여 단지 요한에게 세례를 받기 위해 갈릴래아 나자렛에서 오신 분이라고만 언급한다. 이런 언급 이면에 가려져 있는 역사적 사실은 쉽게 말할 수 없다. 추측건대 예수께서는 세례자 요한이 몸담고 있던 에세네파 계통에 가까웠을 것이다. 그것도 세례자 요한의 제자단에 속해 있었을 것이다. 이것은 초대교회에서 문제가 아닐 수 없었다. 왜냐하면 요한이 예수에게 세례를 베풀었기 때문에, 예수보다 더 높은 인물로 여겨질 수 있었기 때문이다. 그러기에 마르코는 예수의 세례를 그분의 참된 본질에 대한 하느님의 계시 사건으로 제시한다. 예수께서는 세례를 받으실 때에 당신의 개인적 소명을 체험하셨다. "물에서 올라오시자 곧 하늘이 갈라지며 영이 비둘기처럼 당신께 내리는 것이 보였다. 이때 하늘에서 소리가 울렸다. '너는 내 사랑하는 아들, 나는 너를 어여삐 여겼노라'"(1,10-11). 여기서 예수의 특별한 소명을 들을 수 있고 볼 수 있다. 하늘은 갈라져 성령께서 내려오실 수 있게 된다. 하느님께서 하늘을 쪼개시어 당신의 영을 보내시고 인간을 구원하시는 일은 이스라엘의 원초적 갈망이었다. 성령께서 비둘기처럼 내려오신다. 이는 후대의 많은 예술가들이 묘사했던 것처럼 성령께서 비둘기의 모습을 지니셨다는 것을 말하지 않는다. 오히려 루가는 여기서 세상 창조 때 물 위에 떠다니는 성령의 모습을 묘사하고 있는 것이다. 하느님께서는 예수 안에서 세상을 새롭게 창조하신다. 그래서 새로운 시작이 이루어지는 것이다. 인간은 하느님께서 본디 생각해 두셨던 모습을 회복하는 것이다. 인간은 하느님의 모상으로 창조되었다. 이런 모상은 예수의 세례 안에서 우리 모두에게 드러난다. 예수님은 바로 하느님께서 본래 창조하셨던 인간, 곧 하느님의 사랑받는 존재이시다. 예수님은 죄로 인해 하느님에게서 멀어진 아담과는 달리 하느님의 선한 의지를 저버리지 않으신다. 비둘기는 노아의 홍수 때 하느님과 인간의 화해를 선포하는 평화의 비둘기이다. 그리스인은 여신 아프로디테Aphrodite의 비둘기를 거룩하게 여긴다. 비둘기는 인간에게 내려온 하느님의 사랑을 상징한다.

예수는 하느님의 사랑받는 아들이시다. 그분은 아버지이신 하느님과 긴밀한 사랑의 관계를 맺으신다. 그리고 하느님 마음에도 드신다. 아버지와 아들은 서로 마음에 드신다. 마르코는 예수의 세례를 이야기함으로써 우리가 나자렛의 스승을 어떻게 보아야 하는지를 알려 주고 있다. 그분은 성령으로 말미암아 하느님의 능력으로 가득하신 분이다. 그분은 성령의 힘으로, 그리고 하느님의 사랑으로 활동하시는 분이다. 그분은 참된 인간이 되기를 방해하거나 전도시키는 모든 세력으로부터 인간을 해방시키실 것이다. 그분은 인간을, 하느님께서 한처음 세상 창조 때 생각해 두셨던 그 본디 모습으로 회복해 주실 것이다. 그러니까 이 예수와 더불어 하느님께서는 새롭게 구원사업에 착수하시어 당신 창조의 업적을 쇄신하시고, 참된 존재의 모습으로 인간을 다시 회복해 주시고, 인간의 마음이 늘 갈망하는 사랑을 행할 수 있게 하신다.

예수에게 일어났던 일은 세례 때 우리 그리스도인들에게도 일어난다. 하늘이 우리에게도 열린다. 우리는 다음과 같은 하느님의 소리를 들을 수 있다. "그대는 내 사랑하는 아들이며, 그대는 내 사랑하는 딸이다. 나는 그대를 어여삐 여겼노라. 그대는 내 마음에 꼭 든다. 그대가 존재하니 이 얼마나 좋은가!"

예수께서는 요르단 강에서 올라오신다. 요르단 강에는 당시 요한에게서 세례를 받았던 많은 죄인들로 가득 차 있었다. 이것은 우리의 세례를 상징하고 있다. 우리는 곧 완전한 사람이 아니다. 우리는 많은 죄를 범한다. 하지만 하느님께서는 우리의 죄를 보지 않으신다. 우리는 죄의 강물에서 빠져나옴으로써, 하느님께서 우리 자신을 조건없이 사랑하고 계심을 체험한다. 세례는 우리가 선한 의지를 갖고 선행을 행하기 이전에 하느님께서 이미 우리를 아무런 조건없이 사랑하고 계심을 체험하는 사건이다.

예수께서 세례를 받으신 것은 당신 자신을 위해서가 아니다. 성령의 능력으로 우리 인간을 위한 사명을 완수하시기 위해 세례를 받으신 것이다. 세례 후에 곧장 있었던 일을 마르코는 이렇게 소개한다. "그리고 곧 영이 예수를 광야로 내보냈다"(1,12). 여기서 마르코는 아주 강한 의미를 지니고 있는 단어 "에크발레이"*ekballei*를 사용하고 있다. 곧 성령은 예수를 광야에 밀어내고 있다는 것이다. 내적 강요를 받고 있는 것처럼 들린다. 예수께서는 세례 중에 하느님을 처음으로 체험하신다고 말할 수도 있을 것이다. 그분은 하느님의 조건없는 사랑을 깊이 맛보고 음미하는 중이다. 하지만 그분은 이제 광야로, 악마들이 지배하는 장소, 죽음의 장소로 가서야 한다. 죽음의 장소에서 하느님께서 당신 아들에게 주셨던 생명을 보존해야 한다. 성령은 인간 존재의 지고함과 비천함을 두루 체험하도록 예수를 광야로 내보낸다. 세례는 그분 영혼을 어둠의 심연에까지 이르게 하고, 성령은 그분 인성에 깃든 어둠과 사악함을 사로잡아 변화시킨다.

예수께서는 광야에서 사십 일을 머무르신다. 이는 이스라엘 백성이 광야에서 체류했던 사십 년을 연상시킨다. 이스라엘은 사탄의 유혹에 늘 넘어갔다. 그러나 예수께서는 유혹을 이겨내신다. 마르코는 예수께서 받으신 유혹의 내용을 말하지 않는다. 그 대신 예수께서 광야에서 체류하셨던 두 가지 상징만을 언급한다. 그것은 예수께서 들짐승들과 함께 지내셨고, 천사들이 그분을 시중들었다는 상징이다. 이 상징은 예수께서 맛보시고 우리 모두가 체험하는 긴장을 잘 드러낸다. 들짐승과 천사들 사이의 긴장, 충동과 정신, 공격과 사랑, 들짐승의 파괴적 야수성과 천사의 따뜻한 돌봄 사이에 긴장이 감돈다. 우리는 일생 동안 이 두 축 사이를 왕래하며 삶을 영위한다. 예수께서는 온전한 사람인 동시에 하느님이시다. 우리 자신에게도 이런 유사한 점을 찾아볼 수 있다. 예수께서는 들짐승들과 함께 지내신다. 하지만 그분은 그들과 원수 관계로 지내는 것이 아니라 마치 낙원에서처럼 평화로운 관계를 맺으신다. 이것은, 그분께서 모든 난폭함과 공격성을 온전히 소화해내셨다는 것을 말하고 있다. 들짐승들은 그분을 해치지 못하는 것이다. 지금 여기서 이사야 11장이 언급하는 낙원의 평화가 실현되는 것이다. 여기서는 하늘과 땅, 정신과 충동, 영성과 성욕 사이에 대립이나 적대감을 더 이상 찾아볼 수 없다. 그러니까 마르코는 짤막한 두 구절로 예수께서 광야에서 두루 겪으셨던 깊은 체험을 묘사하고 있다. 예수를 온전한 사람으로 소개하고 있다. 하느님과의 관계는 예수의 육신과 영혼, 의식과 무의식의 영역 등을 모두 사로잡았다. 예수께서는 온전한 사람으로서 하느님의 영으로 충만하셨다. 그렇기 때문에 그분은 하느님의 메시지를 인간의 부차적 목적으로 변질시키거나 흐리지 않고 충실히 선포하실 수 있다.

예수께서 들짐승들과 당신의 천사들을 결합시키신 일에서 나는, 오늘날 자신들의 문제와 상처를 오직 영성만을 통해 해결하고 치유할 수 있다고 생각하는 많은 사람들이 생각났다. 하지만 그들은 "들짐승들"이 자신들의 영성 안에 섞여 있으며, 그 영성이 얼마나 권위적이고 공격적인지를 알아차리지 못하고 있다. 예수께서는 들짐승들과 함께 사신다. 그분은 그들과 친밀한 관계를 유지하신다. 그분은 이렇게 하심으로써 통합적 영성과 분열적 영성을 구별하실 수 있었다. 그분은 사람들이 자신 안에 천사와 들짐승을 받아들이는지, 영적인 길을 자신들의 공격성과 성욕 등을 몰아내는 일로 여기는지를 즉시 알아차린다.

이제 마르코는 예수께서 선포하신 메시지를 묘사한다. 아주 짧은 문장으로 묘사한다. "때가 차서 하느님 나라가 다가왔습니다. 회개하고 복음을 믿으시오"(1,15). "때"라고 번역되는 그리스어 "카이로스" *kairos*는 일상의 시간을 형성하고 완성하는 적절한 때, 아주 중대한 순간을 뜻한다. 때가 찼다. 때가 그 충만에 이르렀다. 하느님 나라가 다가왔다. 하느님의 가까이 다가오심으로 말미암아 인간은 참되이 살게 된다. 하느님께서 가까이 다가오셔야만 인간은 자신의 참된 본질에 다가설 수 있다. 그리고 하느님께서 가까이 오시기 때문에, 때가 충만하게 된다. 신비가들, 특히 마이스터 엑카르트Meister Eckhart는 때의 충만에 대해 설교하기를 좋아했다. 모든 시간을 초월하시는 하느님께서는 시간 속으로 들어오시고, 그러기에 시간이 충만하게 된다. 예수께서는 심판이 아니라 구원하시는 하느님의 다가오심을 알린다. 이에 대해 인간이 취해야 할 자세는 참회가 아니라 회개이다. "회개하다"라고 번역된 그리스어 "메타노에이테"metanoeite는 본디 "생각을 바꾸라, 그대의 생각을 고치라. 그대가 사물의 이면을 들여다보면, 하느님의 가까이 다가오심을 깨달을 것이다"는 뜻이다. 예수께서는 사람들에게 눈을 열어 주시어, 모든 것 안에서 하느님을 깨달을 수 있게 하신다. 하느님께서는 이미 와 계시다. 우리는 그분께서 오시라고 기도할 필요가 없다. 우리는 어디에나 현존하시는 그분을 바라보기 위해 눈을 뜨기만 하면 된다. 그리스어 "메타노에이테"는 "방향을 돌리다, 방향을 바꾸다, 다른 길을 가다"라는 뜻의 히브리어 뉘앙스도 지니고 있다. 히브리인들은 사람이 종종 전도된 길, 곧 구원으로 이끄는 길이 아니라 비구원의 길을 걷고 있다고 생각했던 것이다. 인간이 그런 전도된 길을 그만두고 올바른 길을 걷는 것이 회개이다. 멸망으로 이끄는 길을 접어두고 본래의 길로 방향을 바꾸는 것이 회개이다. 이렇게 회개하기 위해서는 믿어야 한다. 그러니까 삶의 방향을 전환하여 복음을 믿고, 복음을 절대적으로 신뢰해야 한다. 이를 이렇게 이해할 수 있을 것이다: 기쁜 소식 안에 머무는 사람에게는, 말씀이 자기 안에 머물러 있다는 식으로 말씀을 듣는 사람에게는 신뢰가 성장한다. 그는 새롭게 설 수 있는 능력, 곧 불안한 세상의 한가운데서도 확고하게 설 수 있는 능력을 받게 된다. 복음은 마르코에게 예수 그리스도의 복음을 뜻한다. 따라서 예수 그리스도의 인격에 대한 신뢰도 회개에 속한다. 예수께서는 인간의 눈을 열어 주신다. 그분은 실제로 생명에 이르는 길을 보여 주신다. 그리고 그들에게 확고하게 설 수 있는 능력, 적대자의 어떤 저항이나 외적인 실패에도 흔들리지 않고 하느님을 철저하게 신뢰하는 힘을 주신다.

악령 들린 사람의 치유(1,21-28)

마르코는 첫 치유 이야기를 상황 설정에 따라 묘사한다. 그것은 악령 들린 사람의 치유 이야기이다. 이로써 마르코가 의도하는 것은 질병이 늘 악령에 사로잡힌 상태를 뜻한다는 것이다. 인간을 지배하는 악령들은 강요, 고정된 이상, 노이로제의 복잡성을 가져다준다. 마르코는 기만의 영에 관해서도 이야기한다. 악령들은 인간과 하느님의 참모습을 흐리게 한다. 악령들은 인간을 지배하는 낯선 세력들이다. 마르코는 악령 들린 사람을 "더러운 영에 사로잡힌 사람"이라고 표현한다. 그는 더러운 영의 폭력 속에서 살고 있다. 여기서 더러운 영 안에 거주하여 늘 혼란과 몽환 그리고 음울 속에 살았던 그는 "복음을 믿는" 제자들과는 정반대의 모습이다. 따라서 더러운 영은 사람을 속여 생각을 흐리게 한다. 이 영은 지나친 결벽증을 갖게 함으로써 모든 불결한 일을 등한시하게 하고 마침내 사람을 더 큰 위험에 빠뜨릴 수 있다. 따라서 마르코는 예수께서 인간으로 하여금 자기 자신이 되게 하시는 일을 항상 치유로 여긴다. 예수께서 인간을 혼탁하고 더러운 영의 세력에서 벗어나게 하시고, 참된 자기 자신의 존재로 인도하시는 일이 치유이다.

첫 치유 이야기는 마르코가 중요한 장면을 묘사하던 "샌드위치 구성"을 보여 준다. 복음사가는 예수께서 가파르나움 회당에서 가르치셨다는 확인과 함께 장면을 보도하기 시작한다. 청중들은 예수의 가르침에 매우 놀라운 반응을 보인다. 청중들은 뜻밖의 일을 만난 듯 깜짝 놀란다. 그들은 황홀감에 도취된 듯했다. "율사들과는 달리 권위를 지닌 분으로서 가르치셨기 때문이다"(1,22). 그런 다음 마르코는 악령 들린 사람의 치유를 보도하고, 이 치유 사건을 다시 다음과 같은 사람들의 반응으로 끝맺는다. "권위 있는 새로운 가르침이다. 저분이 더러운 영들에게 명령하시니 그들도 복종하는구나"(1,27). 마르코는 이런 집약적 묘사 방식을 통해 예수의 가르침이 아무런 결실 없이 끝난 것이 아니라, 바로 그 가르침을 통해 치유하신다는 것을 표현하고 있다. 예수께서는 하느님에 관해 바르게 이야기함으로써 인간으로 하여금 자기 자신이 되게 하신다. 하느님상과 인간상은 서로 밀접하게 관련되어 있다. 예수께서는 인간에게 치유하고 해방하는, 긍정적으로 받아주고 용기를 북돋아 주시는 하느님을 선포하심으로써, 병들게 하는 그릇된 하느님상에서 인간을 해방시켜 온전하게 자기 자신이 되도록 일으켜 세우신다.

예수께서 하느님에 관해 말씀하시면, 청중들은 마치 거기에 하느님께서 현존하시는 듯한 인상을 받는다. 그분은 다른 사람들에게서 들었던 것을 말씀하시지 않는다. 오히려 당신의 체험을 말씀하신다. 그리고 하느님에 관한 예수의 말씀은 사람의 내면을 뒤흔드신다. 그래서 청중들은 예수의 말씀을 편안하게 거부할 수 없고 숙고를 거듭해야 한다. 예수의 말씀은 청중들의 마음속에 파고들어가 마음을 동요케 한다. 군중은 예수께서 권위있게 하느님에 관해 말씀하시는 분이라고 느낀다. 그분의 말씀에서 하느님의 권능을 느끼고, 하느님께서 친히 현존하신다고 생각한다. 그래서 군중은 "바로 그렇다. 이것이 진리다. 하느님께서 그런 분이시다"라고 느낀다. "권위"라는 뜻의 그리스어 "엑수시아"*exousia*는 원하는 대로 행동하고 처리할 수 있는 자유를 뜻한다. 그러니까 예수께서는 내적인 자유로 하느님에 관해 말씀하신다. 예수께는 어떤 불안도 두려움도 없다. 그리고 권위라는 단어는 지배자가 행사하는 권력을 지칭하기도 한다. 예수께서는 청중들에게 권능을 지니고 하느님의 다스림을 누리는 분으로 여겨지신다. 예수의 말씀은 사람들 안에서 활동한다. 곧 사람들을 속박하고 병들게 하는 세력으로부터 사람들을 해방한다. 그리스어 "엑수시아"는 본디 "존재로부터"라는 뜻이다. 예수께서는 존재로부터 행동하시고 말씀하신다. 그분은 존재 안에, 당신의 고유한 존재와 하느님의 존재 안에 머물러 계시다. 그분의 말씀들은 그분의 존재와 일치한다.

   예수께서 하느님에 대해 가르침을 주셨는데, 이에 대한 인간의 반응으로서 마르코는 더러운 악령에 사로잡힌 사람의 예를 소개한다. 더러운 악령은 즉시 이렇게 외친다. "나자렛 사람 예수님, 당신이 우리와 무슨 상관입니까? 우리를 없애러 오셨습니까?"(1,24). 여기서 더러운 악령은 우리의 병들고 그릇된 하느님상과 왜곡된 인간상을 대변하고 있다. 이런 그릇된 상들은 우리의 참생명을 방해한다. 우리에게는 하느님의 참모습을 왜곡하는 하느님상이 상당히 많다. 만사를 차변과 대변으로 맞추는 금전출납부의 하느님상, 인색한 계산을 통해 항상 우리에게 회초리를 드는 무서운 하느님상, 우리를 늘 조정하고 단죄하는 심판자 하느님상 등이 그것이다. 이런 그릇된 하느님상은 우리 자신의 모습을 왜곡시킨다. 우리는 우리 자신을 그릇되이 바라본다. 우리는 하느님을 생각지 못했던 삶의 모든 사건에 대한 안전장치로 이용한다. 우리는 하느님을 통해 우리의 자아를 불필요하게 확장시키고, 다른 사람들 위에 자리잡게 한다. 우리는 하느님을 마음껏 이용하여 우리의 이익을 도모한다. 이처럼 그릇된 하느님상을 지닌 사람들은 예수의 가까이 다가오심을 그냥 묵과할 수 없다. 그들은 소리를 지르기 시작한다. 악령은 말하지 않을 수 없다. 자기 자신의 목숨이 달려 있는 중대한 순간임을 느끼기 때문이다. 예수께서는 하느님에 관해 말씀하심으로써 사람의 마음을 흔들어 일깨우신다. 그분께서 하느님에 관해 말씀하시는 내용은 무척이나 흥미롭고 진지하기 때문이다. 그래서 청중들은 눈을 뜨고, 자신이 누군지를 깨닫는다. 그리고 그들 자신이 스스로 만든 하느님상 이면에 무엇이 감추어져 있는지를, 자신의 참모습과는 모순되는 그들 자신의 현재적 모습을 똑바로 깨닫는다.

예수께서는 더러운 악령을 호되게 꾸짖으신다. "잠자코 떠나가라"(1,25). 여기서 예수께서는 인간의 인격과, 그를 사로잡았던 악령을 구분하신다. 그분은 악령을 만날 때 이해하려는 입장이 아니다. 권능으로 악령을 추방하신다. 따라서 그 사람을 파괴하는 더러운 악령에게 잠자코 있으라고 명령을 내리신다. 우리는 그 더러운 악령과 논리적으로 대화할 수 없는 노릇이다. 이 악령은 같은 말만 되풀이하기 때문에 논증이나 대화로는 문제를 해결할 수 없다. 이런 상태에서 인간을 억압하는 더러운 영을 몰아내기 위해서는 예수의 분명한 입장과 능력이 필요한 것이다. 더러운 영은 예수의 권능을 느끼지만, 조용히 물러나지 않는다. 더러운 악령은 그 사람에게 경련을 일으키고 큰 소리를 지르면서 그에게서 떠나갔다. 이로써 악령은 자신의 본질을 드러낸다. 그는 인간을 파괴하고 싶어하며 많은 소음을 낸다. 그리고 사람이 고요하게 자기 자신을 찾는 것을 방해한다. 동시에 악마의 반응은 예수의 권위를 드러낸다. 그는 예수의 말씀을 피할 수 없기 때문이다. 따라서 환자는 악마의 권세와 예수의 권위 사이에 서 있다. 그는 한편으로는 예수께서 하느님에 관해 올바르게 가르치신다는 인식과, 다른 한편으로는 자기 자신이 만든 삶의 가치관인 낡은 하느님상에 대한 집착 사이에서 방황한다. 예수께서 하느님에 관해 말씀하시면 그는 결단을 내릴 수 있다. 그는 하느님을 이제 더 이상 피할 수 없다. 따라서 그는 큰 소리를 지르며 악령을 멀리한다. 여기서 벌써 십자가 위에서 외치신 예수의 비명이 울려 퍼진다. 그분은 그 비명으로 악마에 대한 승리를 선포하신다.

청중들은 예수의 가르침을 새로운 것으로 체험한다. 그분은 하느님에 관해 아주 새로운 방식으로, 신선하게 그리고 생동감이 넘치게, 치유와 해방하는 방식으로 말씀하신다. 그리고 그분은 권위있게 말씀하신다. 그분은 바리사이파 사람들처럼 율법을 해석하시는 것이 아니라, 청중들이 당신 말씀 안에서 하느님의 힘을 느끼도록 하신다. 그러니까 그분은 하느님에 관해 말씀하시는 것이 아니라 당신의 말씀 자체 안에 하느님의 능력이 드러나게 말씀하신다. 그분의 말씀은 인간에게 효력을 미친다. 이 가르침은 인간을 해방시켜 자기 자신이 되게 한다. 예수께서는 인간과 하느님에 관하여 올바르게 가르치시기 때문에, 사람을 병들게 하는 하느님상과 인간상은 발붙일 자리를 잃게 된다. 이런 상들은 모두 사라진다. 하지만 소리를 지르며 물러난다. 그러면서 자신들의 참된 모습으로서 파괴적이며 인간증오적인 모습을 드러낸다. 그리고 이런 상들은 사람에게 경련을 일으킨다. 사람을 그 중심인 영혼으로부터 분열시켜 지배한다. 이런 왜곡된 상들을 인간의 영혼에서 쫓아내기 위해서는 예수처럼 권능을 지닌 분이 오셔야만 한다. 그럴 때만 인간은 똑바로 일어설 수 있고 자기 자신을 찾게 될 것이다.

나병환자의 치유(1,40-45)

예수 시대에 나병환자들은 인간 사회와 차단되었다. 그들은 일정한 거주지에서 머물러야 했다. 이는 스스로 자립할 수 없는 사람을 상징한다. 그들은 자기 자신들을 받아들일 수 없기 때문에, 다른 사람들에게서 거부당하고 차단당하고 격리되고 있다고 느낀다. 그들은 사람들에게도 자기 자신에게도 편안한 마음을 갖지 못한다. 피부를 통해 우리는 느낀다. 피부는 우리에게 느낌을 전달하는 매개체이다. 피부가 나병에 걸렸다는 것은, 우리가 우리의 많은 부분을 받아들이지 않으려는 사실을 상징한다. 피부는 발진이나 종양을 통해 우리가 받아들이지 않는 것을 표현한다. 이처럼 자기 자신을 사랑할 수 없는 사람, 다른 모든 사람에게서 배척받고 있다고 생각하는 사람이 이제 예수께 다가온다. 그는 자신이 그렇게 계속 살 수는 없다는 것을 느낀다. 왜냐하면 아무도 거부당하고 격리되는 사람으로는 살 수 없기 때문이다. 모든 사람은 따뜻함과 사랑을 동경한다. 나병환자는 거부의 악순환에서 스스로 벗어날 수 없다는 무능을 알아차린다. 그래서 그는 예수께 와서 무릎을 꿇는다. 그리고 예수께 이렇게 말한다. "선생님은 하고자 하시면 저를 깨끗하게 하실 수 있습니다"(1,40). 이 말은 그가 마치 깨끗하게 하는 책임을 예수께 떠넘기는 인상을 준다. 그는 자기 자신에 대한 모든 책임을 거부한다. 그는 거부당하고 있는 자신을 위해 아무것도 할 수 없다.

예수께서는 나병환자를 돌보신다. 하지만 그분은 단순히 치유를 돕는 일꾼처럼 행동하지 않으신다. 그분은 환자의 질병에 온전히 안타까워하는 마음으로 환자를 대하신다. 예수 치유의 첫 단계는 동정심이다. "측은히 여기다" 혹은 "동정하다"를 뜻하는 그리스어 "스플란크니스테이스"*splanchnistheis*는 본디 "내장이 끊어지다"라는 말이다. 내장은 그리스인들에게 상처 입은 감정을 느끼는 부위였다. 예수께서는 환자를 당신 곁에 오게 하신다. 그분은 고통과 절망과 자기 증오를 비롯한 환자의 모든 것을 느끼신다. 그분은 치유의 둘째 단계로서 손을 펴신다. 곧 그분은 나병환자에게 관계를 맺을 것을 제안하신다. 그분은 환자와 깊은 관계를 맺기 원하신다. 당신과 환자 사이에 무엇인가가 교류되기를 바라신다. 그런 다음 환자를 만지신다. 어떤 사람이 자기 자신을 받아들일 수 없을 때, 우리가 그를 받아들이는 일은 무척이나 어려운 법이다. 왜냐하면 그의 내적인 모든 혼돈을 대면하게 될 것이라는 불안과, 고통스런 그의 불행이 우리에게 덮쳐 우리의 손이 더럽게 될 것이라는 불안이 우리에게 증폭되기 때문이다. 그러나 예수께서는 이런 불안에 아랑곳하지 않으신다. 그분은 환자의 인격이 더럽지 않으며, 그의 내면 깊은 곳은 순수하고 깨끗하다는 것을 아신다. 만진다는 것은 "내가 그대를 있는 그대로 받아들인다"는 것을 뜻한다. 만짐은 "건드리다"rühren, "혼합되다"sich mischen에서 유래한 단어이다. 예수의 느낌은 환자의 느낌과 섞인다. 예수께서는 당신 내면의 무엇인가가 환자에게 흘러 늘어가게 하신다. 그리고 이렇게 말씀하신다. "내가 하고자 하니 깨끗하게 되시오"(1,41). 나는 이 말씀을 이렇게 생각하고 싶다. "나는 그대 곁에 있습니다. 나는 그대를 받아들입니다. 이제 그대의 과제는 그대 자신을 인정하고, 그대 자신을 받아들이는 일입니다. 그대는 그대의 치유를 위해 이제 스스로 행동해야 합니다." 이 순간 나병은 사라진다. 환자는 이제 자기 자신을 받아들일 수 있다. 그는 자신이 깨끗해짐을 느끼고, 자기 자신과 하나됨을 느낀다. 하지만 치유받은 환자에게는 아직 부족한 점이 있다. 그는 아직 스스로 서 있을 수 없는 상태이다. 그는 자신의 치유를 이야기해야 한다. 이를 통해 그는 자기 자신의 한가운데로 나아가게 된다. 그는 있는 그대로의 모습으로 자기 자신을 받아들이는 것이 아니라, 다른 사람 위에 있는 어떤 특별한 존재로만 받아들일 수 있다. 그는 받아들여짐을 종속과 혼동할 수 있다. 그는 어디에서나 자신의 치유와 예수에 관해 이야기함으로써 예수를 놓아 주지 않는다.

예수께서는 치유받은 환자를 보내시며 이렇게 엄하게 이르신다. "누구한테도 말하지 않도록 주의하시오. 다만, 가서 제관에게 몸을 보이고, 모세가 지시한 것들을 갖다바쳐 깨끗해졌다는 증거가 되게 하시오"(1,44). 예수의 이런 말씀은 언뜻 이해하기 힘든 말씀이다. 여기에 사용된 그리스어는 예수의 분노를 표현하고 있다. 그분은 "격노하셨고, 화가 나셨고, 치유된 환자에게 호통을 치셨다." 아마 예수께서는 치유받은 사람이 치유 자체로 인해 주목을 받고 싶어하는 것을 느끼셨을 것이다. 하지만 그는 일반적 관례에 따라 자기의 몸을 제관에게 보여야 했다. 그래서 그는 다시 공동체에 편입되어야 했다. 그러나 치유받은 사람은 기회가 닿는 대로 어디에서나 치유 이야기를 퍼뜨렸다. 이로써 예수께서는 활동의 제한을 받으신다. 그래서 예수께서는 드러나게 고을로 들어가지 못하신다. 그분은 "바깥 외딴 곳에 머물러 계셨다"(1,45). 따라서 이제 입장이 거꾸로 달라진다. 공동체 한가운데 계셨던 예수께서는 격리되고 차단되어 있던 사람을 치유하시어 공동체 안에 받아들이셨다. 하지만 치유받은 사람은 이제 예수를 한정시키고 격리하여, 공동체 밖에 머무르도록 강요하고 있다. 예수께서는 인간을 온전하게 치유하기를 원하셨다. 이런 온전한 치유를 위해서는, 치유받은 사람이 먼저 침묵을 지켜야 할 필요가 있었다. 그렇게 함으로써 치유가 육신만이 아니라 영혼에까지 다다를 수 있는 것이다. 그러나 나병환자는 그런 준비를 갖추지 않았다. 치유받은 사람은 이제 예수의 희생으로 살게 된다. 이것은 예수의 십자가 죽음을 암시하고 있다고 나는 생각한다. 십자가에서 예수께서는 우리의 구원을 위해 인간의 공동체로부터 차단되고 격리되시어, 우리가 조건없이 사랑받고 있음을 깨우쳐 주신다. 예수께서는 당신 자신을 희생하면서 치유하신다. 그분의 치유는 당신의 목숨을 대가로 지불하면서 이루어진다.

중풍병자의 치유(2,1-12)

예수께서는 나병환자를 치유하고 며칠 뒤 다시 가파르나움의 어떤 집에 가셨다. 그분의 말씀을 듣기 위해 많은 사람이 모여들어 문 앞에도 빈자리가 없었다. 그때 네 사람이 중풍병자를 데려왔다. 그들은 지붕을 벗기고 구멍을 내어 중풍병자를 침상에 뉘어 달아 예수께 내려보냈다. 이 장면은 어렸을 때부터 내게 많은 감명을 주었다. 중풍병자를 치유하기 위해 그들은 집까지 부수는 용기도 있었다. 그들은 많은 사람들이 모여 있는데도 주저하지 않는다. 그들은 어떤 수단을 쓰더라도 환자를 예수께 데려가기를 원했다. 그는 몸이 마비된 중풍병자였다. 경직되고 마비된 상태는 우리 영혼에게 무엇을 의미하는가? 이 물음에 대해 우리는 먼저 마비의 근본 원인으로 불안을 꼽을 수 있을 것이다. 불안은 나를 마비시킨다. 불안은 나를 경직되게 하고 주저하게 만든다. 다른 사람 앞에서 무엇인가 말하기를 두려워하기 때문에, 나는 경직되고 마비된다. 다른 사람의 판단에 겁을 먹고 있는 것이다. 하지만 나를 마비시키는 다른 불안들도 많이 있다. 어려운 상황, 권세있는 사람, 위험 등에서 우리는 불안을 느낀다. 그리고 행여 자신의 죄가 드러날 수 있다는 불안을 느끼기도 한다.

예수께서는 중풍병자를 당신 앞에 데려온 네 사람의 믿음을 보신다. 이것은 병자의 믿음이 아니라 동행자들의 믿음이다. 예수께서는 중풍병자를 향해 이렇게 말씀하신다. "그대 죄가 용서받았습니다"(2,5). 중풍병자는 치유받아 건강을 되찾고 싶었다. 그런데 죄를 용서하다니 이게 무슨 말인가? 예수께서는 마비가 내적 태도와도 관련됨을 느끼신다. 죄란 무엇인가 결핍된 것, 빗나간 삶을 뜻한다. 중풍병자는 자신이 완전해야 하며 나약한 점을 보여서는 안 된다고 생각하기 때문에, 빗나간 인간존재의 삶을 살고 있다. 그는 결코 나약한 점을 스스로 용납하지 않았기에, 그 자체로 빗나가 있었고, 질병으로 인해 침상에 묶여 있었다. 일어서는 자는 넘어질 수 있다는 것을 아는 자이다. 어떤 경우에도 실패를 피하는 사람은 항상 불안의 무덤에 머물러 있게 된다. 중풍병자는 계명을 어긴 적이 거의 없었지만, 당당한 삶을 거부했다. 그의 본실석 쇠는, 하느님께서 그에게 맡겨주신 삶을 당당하게 제대로 살지 않았다는 데 있다. 예수께서는 중풍병자에게 당당하게 살지 못한 삶,

삶을 거부하는 태도를 지적하신다. 그리고 그분은 중풍병자에게 죄의 용서와 하느님에 의해 조건없이 받아들여졌음을 선언하시어 새로운 시작을 가능하게 하신다. "그대는 죄책감을 버려라. 죄책감으로 괴로워하고 그대 자신을 자학하지 마라. 그대 자신이 될 수 있도록 용기를 가져라. 그대의 실패와 나약함에도 일어서라. 삶을 거부하는 태도를 버려라. 그대 자신을 신뢰하며 살아라."

거기에 있던 몇몇 율법학자는 예수께서 중풍병자에게 선언하시는 죄의 용서에 대해 반감을 가진다. 죄를 용서하는 권한은 오직 하느님께만 있기 때문이다. 예수께서는 그들의 생각을 아신다. 그래서 그들에게 이렇게 말씀하신다. "왜 마음속에 그런 생각을 품습니까? 어느 쪽이 더 쉽겠습니까? 중풍병자에게 '죄를 용서한다'고 말하는 것이겠습니까, 아니면 '일어나 침상을 들고 걸어가라'고 말하는 것이겠습니까?"(2,8-9). 그런 다음 예수께서는 율법학자들에게 죄를 용서하는 권한이 당신에게 있음을 보여 주신다. 그분은 하느님의 말씀을 권위있게 선포하신다. 그분은 이제 당신 권한의 증거로서 중풍병자에게 이렇게 말씀하신다. "내가 이르노니, 일어나 침상을 들고 집으로 가시오"(2,11). 영혼이 치유를 받는다면, 그 육신도 치유를 받을 수 있다. 중풍병자는 일어섬으로써 죄의 용서가 실제로 이루어졌음을 보여 준다. 이제 중풍병자는 더 이상 불안에 얽매여 있지 않다. 그는 자신의 삶을 더 이상 거부하지 않는다. 그는 일어나는 일을 감행한다. 그는 오랫동안 마비되어 있었기 때문에 자신이 실제로 땅을 딛고 일어날 수 있는지를 알지 못한다. 하지만 이제 신뢰가 불안을 이겨낸다. 권위있는 예수의 말씀은 대중 앞에서 일어서는 용기를 그에게 주신다. 예수께서는 그로 하여금 자기 자신을 신뢰하고 자신의 능력을 깨닫게 하신다. 바로 이런 능력으로 그는 일어설 수 있다. 여기서 그는 다른 사람들이 자기를 두고 말하는 것, 자신의 부족함에 대해 이야기하는 일 등에 개의치 않는다. 그는 자신의 발로 일어서고, 계속 서 있는 상태가 된다. 그리고 걸을 수 있게 된다.

나는 중풍병자의 태도를 익히 알고 있다. 언젠가 피정 지도를 맡았을 때, 나는 피정 참가자들에게 좋은 강의를 하기 위해 늘 노심초사했다. 아주 좋은 피정이 되어, 참석자들이 모두 만족할 수 있어야 한다는 생각이 나를 억압했다. 나는 이 내용이 더 좋은가 저 내용이 더 좋은가 하는 문제를 골똘히 생각했다. 이때 예수의 이런 말씀이 떠올랐다. "일어나 침상을 들고 집으로 가시오." 나는 이 말씀을 자신에게 적용함으로써 골똘히 생각하는 것을 그만두었고, 그것은 내게 큰 도움이 되었다. 나는 그냥 강의실에 가서 내 마음속에 있는 느낌을 신뢰하며 강의를 시작했다. 이것은 내게 일종의 해방을 뜻했다. 이 순간 나는 좋은 피정이 되도록 해야 한다는 내적 억압을 버릴 수 있었고, 일어나 나의 침상을 뜻하는 불안정을 들고 사람들에게 갈 수 있었다.

바리사이들과의 논쟁(2,18-28)

마르코는 예수와 바리사이들의 논쟁에 대하여 자주 이야기한다. 하지만 마르코에게 있어 이들 사이의 대립관계는 늦게 집필된 마태오 복음보다는 심각하지 않다. 마태오는 70년경 예루살렘 멸망 이후에 있었던 그리스도인과 바리사이들 간의 심각한 대립관계를 반영하고 있다. 바리사이들은 백성들에게 사랑과 존경을 받았다. 왜냐하면 이들의 관심은 일반 사람들의 신심을 심화하는 일이었기 때문이다. 이들에게 하느님의 계명을 지키는 일은 제관들이 제사를 드리는 일보다 더 중요했다. 그리고 그들은 그들 율법을 통해서 하느님의 계명을 구체적인 삶으로 실천하려고 했다. 하지만 그들은 사람들에게 너무 자주 큰 부담을 안겨주었다. 예수께서는 바리사이들에게 많은 물음을 제기하셨다. 그리고 그들과도 일정한 거리를 두셨다. 그분은 그들의 종교심이 너무 외적이고, 지나친 행동주의와 실적주의에 사로잡혀 있다고 생각하셨다.

단식에 대한 물음은 예수와 바리사이들 간의 논쟁의 한 예다. 요한의 제자들과 바리사이들은 규칙적으로 단식을 했다. 보통 월요일과 목요일, 그리고 해마다 정해진 날에 단식을 했다. 그러나 예수의 제자들은 단식하지 않는다. 이로써 예수의 제자들은 바리사이들의 제자들과 두드러진 대조를 보이게 된다. 예수께서는 질문을 제기한 사람들에게 이렇게 대답하신다. "신랑이 함께 있는 동안 혼인잔치 손님들이 단식할 수 있습니까?"(2,19). 이 대답에는 예수께서 당신 자신을 어떻게 이해하고 있으며, 또한 하느님을 어떻게 이해하고 있는지가 암시되어 있다. 예수께서는 모든 기쁨을 포기하시는 금욕주의자가 아니시다. 마르코는 예수께서 세리와 죄인들과 함께 식사하시는 장면을 계기로 하여 바리사이파 사람들과 예수와의 논쟁을 이야기한다. 예수께서는 여기서 죄인들에게 회개하라고 호소하시는 일을 마다하신다. 그분은 그들과 함께 음식을 나누신다. 그들에게 하느님의 사랑을 이야기하신다. 체험된 하느님의 사랑은 그들을 변화시킨다. 예수께서는 당신 자신을 신랑으로 이해하시어, 사람들에게 하느님께서 가까이 다가오심을 선포하고, 당신과 더불어 하느님의 사랑을 크게 기리는 잔치에 참여하자고 초대하신다. 그분은 하느님께서 벌이시는 혼인잔치에 인간을 초대하신다. 하느님께서는 인간과 하나가 되고자 하신다. 그리고 하느님께서 인간과 하나가 된다면, 인간은 자기 자신과 하나가 된다.

많은 동화에서 혼인은 완성된 자기 실현을 의미한다. 여기서 인간의 모든 대립은 하나가 된다. 남자와 여자, 하늘과 땅, 빛과 어둠 등은 하나가 된다. 따라서 예수께서는 여기서 혼인의 형상으로 당신께서 영성을 어떻게 이해하는지 보여 주신다. 곧 영성은 그분에게 일차적으로 포기의 여정이 아니라 통합의 여정이다. 영성은 하늘과 땅, 인간 영혼의 모든 대립 등을 그 자체로 그리고 하느님 안에서 서로 결합시키려는 노력이다. 예수의 하느님상과 인간상은 기쁨과 신뢰에 기초하며, 인간에 대한 하느님의 심오한 사랑을 잔치로 표현하려는 시각에 근거한다. 이런 잔치는 단식을 용납하지 않는다. 제자들은 예수의 현존을 신적 신랑의 현존으로 체험하기 때문에 단식하지 않는다. 하지만 예수께서는 바리사이들에게, 당신의 죽음으로 당신 제자들과 함께 계시지 않을 때에 제자들이 단식하게 될 것이라고 예고하신다. 신랑을 빼앗긴 슬픔 때문에 단식하게 될 것이다. 초대교회는 단식하던 유다인의 관습을 곧장 받아들였다. 하지만 월요일과 목요일이 아니라 수요일과 금요일에 단식했다. 초기 그리스도인들은 단식으로, 당신의 무기력으로 악마의 권세를 이겨내시고 십자가를 통해 부활의 길을 가셨던 예수와 결합했다. 따라서 하느님과 하나됨을 기념하는 잔치를 벌이는 일과, 하느님께서 가끔 우리를 멀리하시어 우리의 길이 십자가의 길이 될 때, 단식하며 인내하는 일은 우리의 영적 여정에 속한다. 우리는 그 십자가의 길에서 악마의 세력과 대결하며 우리 자신이 되는 길을 찾는다.

예수께서는 당신의 새로운 가르침으로 제자들의 태도를 정당화하신다. 그분은 사람들에게 무엇인가 새로운 것을 가져다주신다. 그분은 많은 랍비들 가운데 한 분이 아니시다. 그분의 새 메시지는 낡은 관례로 담아낼 수 없다. 이런 사실은 예수께서 들려주시는 비유 가운데 새 포도주와 헌 가죽부대의 비유에서 명확하게 드러난다. 새 포도주는 새 부대에 담아야 한다(2,22). 예수의 새 메시지도 새로운 형태를 필요로 한다. 예수의 말씀에는 바리사이들의 생각과는 다른 영성이 깃들어 있다. 바리사이들은 하느님의 계명을 일상 안에서 해석하려고 시도했다. 그들은 곧 뒷걸음질쳤다. 오래 전에 주어진 계명을 현실화시키려고 했던 것이다. 그러나 예수께서는 새것을 대담하게 대하신다. 새것에 대한 대담성이 마태오 복음에서는 다시 옛것과 결합되어 표현된다. 곧 마태오는 예수께서 옛 계명을 없애러 온 것이 아니라는 식으로 말한다. 마르코는 예수의 신선한 근본모습을 의도적으로 강조한다. 예수께서는 유다인의 전통을 존중하신다. 그러나 율법을 글자 그대로 세심하게 해석하지 않으신다. 그분은 율법의 제도를 존중하신다. 그리고 당신을 통해 이 세상에 온 새로운 것을 존중하신다. 그분은 항상 모든 것을 새롭게 하시는 하느님을 신뢰하신다.

바리사이들과의 논쟁은 안식일 계명에 대한 논쟁으로 이어진다. 하느님께서는 하던 일을 멈추고 하느님의 안식에 참여하도록 인간에게 안식일을 주셨다. 안식일은 하느님께서 인간을 위해 배려하신 날이다. 바리사이들은 안식일을 지키기 위해 규범을 만들었다. 그들의 관심은 인간에게 기쁨을 주는 일이었다. 인간이 정말 휴식하기를 바랐다. 그런 노력에도 불구하고 그들은 목적에서 벗어났다. 그런 노력들이 도리어 인간의 자유를 억압하고 방해했다. 그들은 율법의 의미보다도 문자들을 더 중요하게 여겼다. 물론 바리사이들 가운데는 예수와 비슷하게 생각했던 힐렐 학파처럼 자유로운 바리사이들이 있었다. 예수께서는 유다인의 전통과 바리사이들에 대해 정면으로 도전하지 않으신다. 단지 그분은 당신의 해석을 알려 주려고 하신다. 여기서 그분은 다른 학파의 해석에 의존하시지 않고, 하느님과 인간에 대한 당신의 감각에 의존하신다. 바리사이들 가운데 엄격한 부류의 사람들은 이삭을 자르는 일을 수확하는 일로 여겼다. 이것은 평일에만 허용되었고, 배가 고플 때 남의 밭에서 이삭을 자르는 일도 평일에만 허용되었다. 이것은 안식일에 금지된 일이다. 이에 예수께서는 하느님의 성전에 들어가 거룩한 빵을 먹었던 다윗의 실례를 드신다. 예수께서는 성서를 자유롭게 해석하신다. 왜냐하면 1사무엘 21장 1-10절에서 다윗은 제관 아히멜렉을 찾아가 빵 다섯 개를 청하기 때문이다. 제관은 수중에 보통 빵이 없었기에 다윗에게 거룩한 빵을 주었다. 예수께서는 다윗의 경우와 같이 자유를 강조하시고, 안식일 계명을 벗어나는 자유를 제자들에게 허용하신다. 나아가 그분은 안식일에 대한 하느님의 근본 의지를 밝혀 주심으로써 제자들의 자유를 정당화하신다. "안식일이 사람을 위해 생겼지, 사람이 안식일을 위해 생기지는 않았습니다"(2,27). 예수께서는 하느님의 뜻을 깨달으라고 요구하신다. 그리고 안식일의 제정을 상기시키신다. 그분은 글자 그대로 이렇게 말씀하신다.

"안식일이 사람(과 그의 삶)을 위해 생긴 것이지, 사람이 안식일을 위해 생기지 않았습니다." 그분은 이 말씀으로 유다인의 전통을 벗어나지 않으신다. 랍비 시메온은 주전 180년경에 이와 비슷한 말을 한 적이 있다. "안식일이 그대들에게 넘겨진 것이지, 그대들이 안식일에 넘겨진 것이 아니다"(Gnilka 123). 랍비 시메온은 당시 인간의 현실적 어려움을 안중에 두고 이 말을 발설했지만, 예수께서는 인간의 위대한 자유를 안중에 두고 계시다. 당신 제자들의 배고픔만으로도 합법적인 안식일 계명을 지키지 않을 충분한 이유가 된다는 것이다. 예수에게 문제의 관건은 계명의 의미이지, 계명의 경직된 문구가 아니다.

손 오그라든 병자의 치유(3,1-6)

예수께서는 회당의 예배 중에 한쪽 손이 오그라든 사람을 바라보신다. 우리는 이 사람의 문제가 무엇이었는지 어렵지 않게 상상할 수 있다. 우리의 삶은 손으로 가꾸어지고 형성된다. 우리는 무엇인가를 붙잡는다. 우리의 삶은 손에 달려 있다. 필요한 것을 손으로 잡는다. 주어야 할 것을 손으로 준다. 우리는 손으로 다른 사람들을 만진다. 우리는 손을 내밀고 관계를 맺기 시작한다. 그리고 손으로 그 관계를 제지하기도 한다. 손으로 사랑과 친밀함을 표현하기도 한다. 따라서 오그라든 손은 눈치를 보며 자신의 손을 움츠리는 사람을 연상시킨다. 그는 자신의 손을 사용하지도 더럽히기를 원치도 않는다. 삶의 투쟁에서 멀리 벗어나 단지 관객의 역할로 만족해한다. 그는 눈치를 보며 정세를 관망하는 도중 모든 힘을 잃어버린다. 그래서 그에게서 아무것도 기대할 수 없게 된다. 그는 이제 손을 더 이상 내밀지 않고 아무것도 하지 않는다. 그는 무력해진다.

때는 안식일이었다. 안식일에 병을 치유하는 일은 금지되어 있다. 바리사이들은 죽음의 위험에만 사람을 치유하는 일을 허용했다. 그들에게 안식일을 거룩하게 지내는 일은 사람의 치유보다 중요했다. 이로써 그들은 안식일의 근본적 의미를 놓치고 있었다. 예수께서는 바리사이들에 의해 행동의 제약을 받지 않으신다. 그분은 손 오그라든 사람에게 이렇게 명령하신다. "일어나 가운데로 나오시오"(3,3). 그는 늘 눈치만 보며 주변에서 모든 것을 지켜보았다. 책임을 지기보다는 주변에 있기를 좋아했던 그는 이제 한가운데로 나와야 한다. 그는 다른 사람들 앞에 자기 자신을 보여야 한다. 예수의 명령은 다음과 같이 들린다. "그대는 중요하다. 그대는 한가운데 있어야 한다." 내게는 이렇게 들리기도 한다. "일어서라.

마침내 그대의 발로 일어서라. 그리고 그대 한가운데로 들어가라. 그대는 그대 자신의 중심에 서 있지 않다. 그대는 그대 자신의 중심에서 벗어나 있다." 바로 이렇게 예수께서는 손 오그라든 병자에게 요구하신다. 이제 그는 더 이상 관객의 역할을 맡을 수 없다. 그는 이제 일어나야 한다. 그는 한가운데로 나아가 모든 측면으로부터 주시를 받아야 한다. 그는 무조건 피하려 했던 것을 이제 드디어 겪는다. 그는 관심의 한중심에 서 있다. 그는 더 이상 칩거할 수 없고, 자기 자신을 드러내야 한다.

이제 예수께서는 다른 사람들을 향하신다. 3장 6절의 내용에 따르면 그 "다른 사람들"은 바리사이들을 말한다. 하지만 그들 가운데는 율법을 신봉하며 예수께서 안식일에 사람을 고치는지 지켜보는 다른 사람들도 있었다. 예수께서는 여기서 정적과 적대감 속에 홀로 계시다. 그러나 당신 자신의 중심에 서 계시며, 온전하게 현존하여 계시다. 예수께서 나타나신다면, 그분은 항상 온전하게 현존하신다. 다른 사람들이 그분을 간과할 수 없을 정도로 생생하게 현존하신다. 사람들은 강한 빛을 발산하시는 예수를 모르는 체할 수 없다. 그분께 대한 입장을 표명해야 한다. 자기 자신에게서 빠져나오게 된다.

예수께서 주위 사람들에게 물으신다. "안식일에

선한 일을 해야 합니까, 악한 일을 해야 합니까? 목숨을 구해야 합니까, 죽여야 합니까?"(3,4). 이는 아주 가혹한 물음이다. 왜냐하면 바리사이들에게는 하느님의 계명을 진지하게 지키는 일이 관건이었기 때문이다. 그들은 계명을 일상의 구체적 삶 속에서 실현시키려고 노력했다. 하지만 예수께서는 당신의 질문을 통해서 그들의 태도가 사람들에게 악을 행하게 하고 목숨을 죽이고 있다고 지적하신다. 율법을 사람보다 더 중요하게 여기는 사람은, 계명을 병자의 어려움보다 더 우선적으로 생각하는 사람은 악을 행한다. 그렇게 원칙을 중요시하고 계명준수를 우선적으로 여기는 곳에서 인간은 숨을 제대로 쉴 수 없다. 인간은 구렁텅이에 빠지고, 생명을 죽이게 된다. 계명에 복종하는 것은 결국 영혼을 죽인다. 복음은 그리스어 프쉬케psyche를 사용한다. 이 단어는 영혼을 의미하고, 목숨을 뜻하기도 한다. 곧 인격, 인격적 생명을 뜻한다. 인격은 엄격한 규율에 의해 강요당할 때 죽음에 이른다. 영혼은 원칙주의에 강요받고 억압받으면 질식하게 된다. 영혼에는 날개가 필요하며, 좁은 코르셋이 필요하지 않다. 코르셋은 영혼을 질식시킨다.

바리사이들이 입을 다물고 있을 때, 예수께서는 그들을 둘러보시며 "그들의 완고한 마음에 대해 분노하고 슬퍼하셨다"(3,5). 분노와 슬픔은 감정이 절묘하게 결합된 상태를 가리킨다. 여기서 분노는 예수께서 바리사이들에게 화를 내시거나 소리를 질렀다는 것을 뜻하지 않는다. 분노는 오히려 거리감을 두는 능력을 일컫는다. 예수께서는 분노를 통해 바리사이들과 거리를 두시고, 이런 방식으로 당신 자신을 지키신다. 예수께서는 바리사이들에게 분노하시면서 이렇게 말씀하신다. "그대들은 마음대로 하시오. 나는 그대들을 회유하지 않겠습니다. 그대들은 완고하고 메마른 마음을 지니고 있습니다. 그런 마음은 그대들의 것입니다. 나는 그런 마음의 상태를 그대들에게 그대로 맡기겠습니다. 나는 단지 내가 옳다고 생각하는 바를 행할 것입니다." 분노로 예수께서는 적대자의 권능에서 벗어나신다. 그분은 그들에 의해 좌우되지 않으신다. 그분은 당신 자신과 온전히 하나되어 계시다. 따라서 그분은 당신 자신으로부터 행동하신다. 이런 분노에 슬픔이 뒤따른다. 그리스어 "쉴뤼푸메노스"*syllypoumenos*는 "공감하다, 동정하다"라는 뜻이다. 예수께서는 먼저 바리사이들과 거리를 두신다. 그러나 그들과의 연결을 완전히 끊지 않으신다. 그분은 그들에게 손을 내미신다. 그들을 동정하신다. 그들 마음의 완고함에 대해 슬퍼하신다. 그들의 마음을 이렇게 측은하게 대하신다.

"그렇게 완고한 마음속에는 세상의 모든 것이 어떻게 보일까? 그렇게 경직된 마음속에는 얼마나 많은 불안이 도사리고 있을까? 그들이 인간의 고통에 대해 아예 눈을 감아 버린다면, 그들의 마음속에는 절망과 인간 경시가 얼마나 많이 자리잡고 있을까?" 우리는 제 발로 설 때 다른 사람과 실제로 만날 수 있고 그 만남을 지속할 수 있다. 한계를 모르는 사람은 다른 사람의 감정에 큰 영향을 받는다. 그는 자유롭게 행동하지 못한다. 예수께서는 자유로운 분이시다. 그분은 바리사이들과 관계 맺기를 원하신다. 그래서 측은한 마음으로 그들에게 손을 내미신다. 하지만 그들은 예수의 내민 손을 받아들이지 않는다. 오히려 밖으로 나가서 예수를 없애 버리기로 모의한다. 마르코는 예수의 치유하시는 행동 중에 예수의 폭력적 운명을 암시한다. 예수께서는 병자의 치유에서 악의 세력과 싸우신다. 예수의 수난에서 악마는 승리를 거두는 것처럼 보이지만, 예수께서는 죽음으로 악에 대해 궁극적으로 승리하신다. 여기서 예수를 죽이려고 모의하는 바리사이들은, 이로써 자신들이 생명을 위협하는 모든 세력의 패배를 입증하고 있음을 알지 못한다. 왜냐하면 죽음 안에서 손이 오그라든 사람이 지닌 생명은 모든 이에게 베풀어지기 때문이다.

예수에게서 영의 식별 (3,20-35)

마르코의 전형적인 "샌드위치 구성"은 예수 친척들의 두 번의 방문을, 예수가 미쳤다는 율법학자들의 의심과 연결시킨다. 이런 구성으로 마르코는 친척들조차도 예수가 악령 들렸다고 말할 위험이 있다는 신학적 진술을 감행하고 있다. 방어의 가장 극단적 형태는 적대자를 정신병자 취급하는 것이다. 나는 적대자를 정신적으로 이상하다고 말하며 악령에 들린 것이 아니냐고 주장할 수 있다. 그러면 나는 그와 더 이상 논쟁할 필요가 없다. 예수의 가족은 이런 위험에 견디지 못했다. 그들은 "우리 가문에서는 이렇게 생각한다. 그런 말을 하지 않는다"는 식으로 가풍에 따라 예수를 조정하려 했다. 가족은, 예수의 어머니조차 예수를 좀처럼 이해하지 못했다. 그들은 예수께서 당신 자신의 길을 가며, 가족의 관심사에 아랑곳하지 않고 하느님 아버지의 뜻에 어떤 의무감을 느끼는 것을 좀처럼 수용할 수 없었다. 우리는 예수와 가족 사이에 실제로 어떤 갈등이 있었는지를 더 분명하게 밝힐 수 없다. 대다수의 주석가들은 예수께서 모든 이를 위해 선포하신 하느님 나라의 메시지로 인해 가족의 바리사이 경향과 충돌했다고 생각한다. 가족은 예수께서 가문에 먹칠을 하지 않을까

하는 불안에 휩싸였다. 가족 구성원들에게 가훈은 예수의 메시지와 길을 따르는 것보다 더 중요했다. 마르코가 가족의 태도에 대해 다음과 같이 말하는 것은 아주 가혹하다. "예수의 친척들은 소문을 듣고 그분을 붙들러 나섰다. 사실 그분이 미쳤다고들 말하고 있었다"(3,21). 친척들은 예수가 미쳤다고 생각한다. 그분은 그들에게 더 이상 정상인이 아니시다. 그래서 그들은 예수를 완력으로 대하는 것이 합당하다고 생각한다. 그들은 강제로라도 예수를 가족 품에 데려오려고 한다.

"그분이 미쳤다"는 말은 율법학자들의 끼어들기를 통해 더 심화된다. 율법학자들은 예수가 베엘제불에 사로잡혔다느니 마귀 두목의 힘을 빌려 마귀를 쫓아낸다느니 하고 의심했다. "베엘제불"이란 단어에 대해서는 성서학자들 사이에 의견이 분분하다. 이 단어는 아마 "집의 주인"을 뜻한다. 마귀의 집을 지배하는 마귀들의 두목을 뜻한다. 율법학자들은 예수의 가족과 마찬가지로 예수의 메시지를 진지하게 대하는 것을 거부한다. 오히려 그들은 예수를 나쁘게 취급하고, 마귀들과 똑같은 일을 한다고 의심한다. 이는 오늘날도 사람들이 즐기는 수법으로서 나른 사람들의 의견을 묵살하는 태도다. 곧 정신병자로 취급하여 의견들을 묵살한다. 그러면 그 말과 행동들을 더 이상 주의깊게 살펴볼 필요가 없게 된다. 모든 것은 그 정신병에 의한 것으로 여겨진다.

하지만 예수께서는 마귀에 사로잡힌 병자로 취급하는 것을 그냥 두지 않으신다. 그분은 이렇게 비유를 들어 적대자들을 반박하신다. "어떻게 사탄이 사탄을 쫓아낼 수 있습니까? 한 나라가 갈라지면 그 나라는 지탱할 수 없습니다"(3,23-24). 이로써 그분은 율법학자들의 의심이 허무맹랑함을 밝히신다. 그들이 말했던 내용은 그 자체로 어불성설이다. 그들의 주장이 사실이라면 악마는 아무런 힘을 쓸 수 없기 때문이다. 악마의 집에 적용되는 것은 가정에서도 적용된다. "한 집안이 갈라지면 그 집안은 지탱할 수 없는"(3,25) 노릇이다. 이것은 그리스도교 공동체에 던지는 일종의 경고다. 마르코는 두 번에 걸친 예수 가족의 방문과, 예수께서 마귀의 힘을 빌려 행동하고 있다는 의심을 서로 연결함으로써 가족과 그분과의 역사적 논쟁 자체에 대한 언급을 회피한다. 오히려 그리스도교 공동체가 처해 있는 위험, 곧 분열에 주의를 기울인다. 가장 위험한 분열의 씨는 다른 공동체 구성원에 대한 의심에서 발아한다. 곧 그가 악령과 같은 일을 하고 있다느니, 그의 설교와 처신은 악마에 의한 것이라느니 등의 의심이 그것이다.

예수께서는 율법학자들의 태도를 성령을 모독하

는 죄라고 말씀하신다. 자기 자신을 나무라는 분에 관하여 더러운 영에 들렸다고 주장하는 사람은 그분 안에서 말씀하시는 성령께 죄를 짓는다. 그는 자기 양심을 거역하며 행동하고 있다. 그는 자기의 내면 깊은 곳에서 그분께서 중요한 메시지를 전하고 있다는 것을 안다. 그는 그 메시지에 따라야 한다. 그러나 그는 그분께서 정신병에 걸렸다고 단정함으로써 그분이 선포하는 메시지를 거부한다.

나는 성령 모독죄 때문에 불안해하는 사람들을 많이 만난다. 그들은 자신의 죄가 성령을 모독하는 죄가 아닌지, 그러기에 용서받을 수 없는 죄가 아닌지 고민한다. 하지만 예수께서는 여기서 특정 태도를 지적하신다. 내적으로는 분명히 알면서도 하느님의 복음에 의존하는 것을 거부하는 태도가 그것이다. 성령의 활동을 악마의 일로 날조하는 태도, 하느님의 이름으로 우리 마음을 어루만지시는 분을 악마라고 기만하는 태도가 그것이다. 우리의 일상적 죄는 성령을 모독하는 죄가 아니다. 그것은 나약함과 소심함의 죄이다. 성령을 모독하는 죄는 성령을 의식적으로 악마로 왜곡하는 죄다.

율법학자들을 반박하는 모습을 묘사한 나음 마르코는 예수의 어머니와 그 형제들의 두 번째 방문을 다룬다. 그들은 집 밖에 서서 예수를 불러달라고 한다. 그들은 예수를 붙잡으려 했던 것이다. 그러나 예수께서는 밖으로 나오시지 않는다. 그분은 친척들의 이런 요청을 새로운 가족을 언급하는 계기로 삼으신다. "보시오. 이들이 내 어머니요 내 형제들입니다. 누구든지 하느님 뜻을 받들어 행하는 이런 이가 내 형제요 자매요 어머니입니다"(3,34-35). 하느님과의 관계, 하느님의 뜻을 행하려는 각오 등은 새로운 공동체를 형성한다. 그리고 이 공동체는 가족의 결합보다 더 깊다. 공동체를 굳게 결속하는 것은 좋은 느낌도 같은 관심사도 아니다. 그것은 하느님의 뜻을 실현하는 일이다. 이것은 그리스도인들이 늘 다시금 겪었던 체험이다. 사람들이 예수의 이름으로 모였던 곳에서는, 그들이 공동으로 하느님을 찾았던 곳에서는 공동체의 깊은 결속이 이루어졌다. 하지만 마르코의 "샌드위치 구성"이 보여 주듯이, 공동체는 늘 위험에 처해 있다. 몇몇 사람들이 다른 사람들을 심판하고, 특히 정신적으로 병든 사람이라고 매도하며 악령 들렸다고 할 때 공동체는 파괴된다. 그리고 그리스도교 공동체 구성원들도 예수를 일정한 형상으로 고착시킬 위험이 있다. 곧 우리 마음에 호소한 그분의 메시지에 적절하게 응답하기보다는 그분의 활동을 악마의 일로 매도할 위험이 있다. 교회도 오늘날 하느님께 자신을 온전히 내맡기기보다는 하느님과 예수에 관한 일정한 형상을 고착시켜 거기에 안주할 위험이 있다. 마르코는 이런 위험에 직면하여 모든 일에서 하느님의 뜻이 이루어지도록 노력해야 한다고 경고한다. 하느님의 뜻을 늘 새롭게 묻고 그것을 실천할 각오가 되어 있을 때, 공동체는 건설되고 건실하게 지탱된다.

예수의 비유 말씀(4,1-34)

마르코는 예수의 행동에 대한 보도를 잠시 보류하고 그분의 긴 말씀을 전해준다. 예수의 갈릴래아 활동을 전하는 복음의 첫 부분에서 예수께서는 당신의 행동을 어떻게 이해할 수 있는지를 세 비유로 설명하신다. 예수의 예루살렘 체류를 전하는 복음의 셋째 부분에서 예수께서는 종말에 관한 긴 말씀을 들려주신다. 당신의 십자가 죽음 안에서 그리고 당신의 죽음과 부활을 통해 이 세상에 일어난 사건, 곧 이 세상이 당신을 통해 마지막에 이르렀음을 설명하신다. 마르코 복음 4장의 관건은 예수의 활동, 그분의 권능에 찬 행동과 선포이다. 예수께서는 하느님을 섬기고 하느님의 씨앗을 뿌려 그것이 인간의 마음속에서 자라게 하신다. 예수께서는 하느님 나라가 어떻게 다가오는지를 설명하신다. 그 나라는 그분 자신을 통해, 그분의 권능에 찬 행동을 통해, 그분이 뿌리신 말씀을 통해서 다가온다. 하지만 예수의 말씀은 모든 사람에게 좋은 땅에 떨어진 것이 아니다. 길가에 떨어지기도 하고, 돌밭이나 가시덤불에 떨어지기도 한다. 여기서는 열매를 맺을 수 없다. 그러나 좋은 땅에 떨어진 말씀은 풍성한 열매를 맺는다. 예수께서는 친히 비유로 말씀하신 이유를 제자들에게 밝히신다(4,10-12). 하느님 나라는 그 나라에 자신을 내맡기는 자만이 이해할 수 있다. 제자들은 하느님의 신비 속으로 들어간다. 그러나 밖에 있는 사람들에게는 비유들이 수수께끼 같아 보인다. 이것은 오늘날 우리에게 낯설게 여겨진다. 그러나 마르코는 예수의 메시지를 믿는 사람들의 수가 왜 소수인지를 그분의 말씀으로 설명한다. 예수의 길에 의존하지 않는 사람들에게는 모든 것이 수수께끼 같다. 이는 오늘 우리에게 위로의 말씀이 된다. 많은 그리스도인들은 소수의 사람만이 예수의 복음을 믿고 있다는 데 당혹감을 감추지 못한다. 밖에 있는 사람들, 하느님 나라에 들어가지 못한 사람들, 그분의 내적 세계를 느끼지 못한 사람들, 예수의 마음에 이르지 못한 사람들은 예수의 말씀을 이해할 수 없다. 그 말씀은 그들에게 수수께끼 같아서 이해할 수 없다. 그들은 하느님께서 친히 개개인의 마음을 어루만지시고, 그들에게 당신 말씀의 신비를 밝혀 주실 때까지 이해할 수 없다.

예수께서는 제자들에게 씨뿌리는 사람의 비유를 설명해 주신다. 하느님의 말씀을 듣는 사람들은 네 부류로 나뉘어진다. 첫째 부류는 말씀이 길가에 떨어진 사람들이다. 예수께서는 그들에게 "사탄이 와서 그들 안에 뿌려진 말씀을 빼앗아"(4,15) 간다고 말씀하신다. 이는 말씀이 그들에게 올바르게 스며들 수 없음을 뜻한다. 그들은 말씀이 스며들 수 있도록 머물러 있지 못한다. 예수께서는 씨앗을 쪼아먹는 새들을 사탄으로 해석하신다. 새들은 사람의 마음속에서 이리저리 떠다니는 생각을 의미한다. 늘 수많은 생각을 하며 사는 사람은 악을 행하지는 않지만, 결국은 하느님께 자기 자신을 내맡길 수 없게 된다. 이 때문에 피상적인 것, 사람의 마음을 왜곡시키는 활동 등은 결국 악마적인 것이다. 여기서 사람은 능동적으로 사는 것이 아니라 단지 살아질 뿐이다.

둘째 부류는 말씀이 돌밭에 떨어진 사람을 지칭한다. "말씀을 듣는 대로 기꺼이 맞아들이지만 자기 속에 말씀이 뿌리를 내리지 못해 한때뿐이고, 그래서 말씀으로 말미암아 환난이나 박해가 일어나면 곧 실려넘어지고 맙니다"(4,16-17). 쉽게 감동하는 사람들을 의미한다. 이들은 말씀을 기쁜 마음으로 받아들인다. 말씀을 듣는다. 그러나 말씀이 뿌리를 깊이 내리지 못한다. 이들은 단지 감정으로만 살고, 감정에 의해 이리저리 좌우된다. 따라서 환난이나 박해가 닥치면 이들의 감정은 쉽게 변하고 그 감정에 의해 좌우된다. 이들에게는 뿌리가 없다. 명확한 입장이 없다. 어떤 사람이 이들을 불쾌하게 하면 이들의 감정은 즉시 돌변한다. 이는 예수의 말씀을 기꺼이 대하는 많은 그리스도인들을 상징한다. 이들은 깊이가 없으므로 말씀이 뿌리를 내릴 수가 없다. 이들은 잔잔한 바람에도 이내 넘어지고 만다.

말씀이 가시덤불에 떨어진 사람들이란 세상 걱정, 재물의 유혹, 욕망으로 살아가는 사람들이다. 이런 걱정들은 하느님의 말씀을 질식시킨다. 이 사람들은 한편으로 말씀을 따르기를 원한다. 하지만 욕심이 더 강하다. 늘 가장 좋은 것, 가장 위대한 것, 가장 부유한 것을 차지하려는 욕심에 가득 차 있다. 하느님의 말씀은 이런 목적 추구에 방해되지 않을 때만 좋은 것으로 인정될 뿐이다. 말씀은 단지 일정한 범위 내에서 허용될 뿐이다. 최상의 우선권을 차지하지 못한다. 가시덤불은 이런 걱정들만을 상징하는 것이 아니라 상처들을 의미하기도 한다. 많은 사람들이 하느님의 말씀이 마음속에 다다를 수 없을 정도로 깊은 상처를 입고 있다. 상처는 영혼으로 "밀고

들어온다"(4,19). 그래서 우리는 자신의 상처에 집착한 나머지 우리에게 치유와 해방을 가져다주시는 하느님의 말씀에 좀처럼 기회를 주지 않는다. 늘 자기 자신만을 바라보고, 일찍이 겪은 모욕에서 벗어나지 못하는 실정이다.

예수께서는 부정적인 이 세 부류의 사람들을 통해 하느님 말씀을 피상적으로만 받아들이는 우리에게 경고하신다. 우리가 하느님 말씀에 마음을 맡기면, 말씀이 좋은 땅에 떨어지는 것이다. 그러면 풍성한 열매를 맺어 "삼십 배, 육십 배, 백 배"(4,20)의 열매를 낼 것이다. 따라서 이 비유는 상당히 낙천적인 입장을 취하고 있다. 예수께서 갈릴래아에서 뿌리신 말씀은 제자들의 마음속에만 자라는 것이 아니라, 복음의 메시지를 받아들이는 모든 사람의 마음속에도 자란다. 이들은 모두 풍성한 상급을 받을 것이다. 이들의 삶은 열매를 맺는다. 예수를 받아들이고 하느님 나라에 마음을 여는 사람은 장차 누리게 될 삶의 풍성한 열매에 대해 미리 기뻐해도 좋을 것이다.

마르코는 예수의 말씀이 우리 안에서 맺게 될 열매들을 몇몇 상징어들을 통해 묘사한다. 다른 복음서들은 이 상징어들을 다른 자리에서 인용한다. 마르코는 이런 상징어들을 통해 자신의 개인적 관심사에 충실하고 있다. 하느님의 말씀이 우리 안에서 맺게 될 열매는 인간의 삶을 밝혀 주고 우리의 감추어진 부분을 드러내는 빛과 같다(4,21). 자기 영혼의 감추어진 심연 속에 빛을 받아들이는 사람은 풍성한 열매를 맺는다. 반면, 자기 영혼의 많은 부분을 신적 빛으로부터 차단시킬 때 그 삶은 생동감을 잃게 된다. 그는 경직되고 점점 감각에 둔하게 된다. 삶의 또 다른 전망은 풍성하게 베푸는 일이다(4,24-25). 자기가 받은 것을 대담하게 베푸는 사람은 그의 손이 비어 있지 않고 항상 새로운 것으로 가득 채워짐을 체험할 것이다. 여기서 베풂은 가난한 사람들을 돕는 물질적 원조만을 뜻하는 것이 아니라, 들은 것, 체험한 것, 이해한 것을 계속 전하는 일도 의미한다. 모든 것을 자기 자신만을 위해 간직하는 사람은 그것으로 인해 질식할 것이다. 베푸는 사람에게서만 생명은 약동하며, 풍성한 열매가 맺어진다.

이제 예수께서는 절로 자라는 씨 비유를 들려주신다. 이 비유는 마르코 복음에만 나온다. 이는 희망에 가득 찬 낙천주의적 비유이다. 씨가 우리 안에서 자라나도록 우리가 굳이 노력할 필요가 없다는 것이다. 농부가 씨앗을 뿌리고 나서 자고 일어나는 인내로운 행동만으로 충분하다. 그는 날마다 씨를 돌보지 않는다. "밤과 낮이 가는데, 그가 모르는 사이에 씨는 싹이 터서 무럭무럭 자랍니다"(4,27). 하느님의 말씀이 인간의 영혼이나 세상이란 밭에서 풍성한 열매를 맺는 것은 늘 하나의 신비이다. 땅은 "절로" 열매를 맺게 한다. 그리스어로는 "아우토마테"*automate*다. 씨가 자동적으로, 저절로, 돌봄 없이도 성장한다는 것이다. 이것은 하느님께서 이 세상에서 행동하시는 기적이다. 마찬가지로 하느님께서는 우리 영혼 안에서도 기적을 행하실 것이다. 그분은 당신 말씀의 씨가 우리 안에서 자라게 하신다. 여기서 우리에게 요구되는 것은 일상의 삶을 영위하면서 기다리는 일이다. 일하고, 잠자고, 새로운 일을 하기 위해 다시 일어나면서 기다리는 일이다. 하지만 우리는 인내롭게 기다려야 한다. 씨앗은 우리가 원하든 원하지 않든 자랄 것이다. 이 비유의 메시지는, 우리의 내적 성숙 과정에서 우리가 좀더 조심해야 하고 더 노력해야 한다는 강박관념에서 우리를 해방시킨다. 이 메시지는 또한 하느님 나라가 이 세상에서 확장되는지 되지 않는지 그 여부에 대한 책임은 우리 자신에게 있다는 주장에서도 벗어나게 한다. 하느님께서는 예수와 그 제자들을 통해 이 세상에 뿌리신 씨앗을 친히 돌보신다. 우리의 과제는, 농부가 씨앗을 뿌리는 것처럼 우리의 삶이 요구하는 바를 행하는 일일 뿐이다.

  이와 비슷한 메시지는 겨자씨 비유에 담겨 있는

데, 이 비유는 마태오와 루가에게서도 찾아볼 수 있다. 이 비유에서도 자연의 자발적인 활동이 관건이다. 하느님의 활동은 종종 눈에 보이지 않는다. 하지만 그분의 활동은 실제로 이루어지고 있다. 우리는 다른 사람들이 의지하고 기댈 수 있는 큰 나무가 될 수 있다. 교회는 비록 이 세상에서 아주 작은 무리로 보일지라도 새들이 그 그늘에 깃들 수 있는 큰 나무가 된다. 이상의 비유들은 마르코 복음의 메시지를 다음과 같이 들려주고 있다: 하느님께서는 사람의 눈에 띄지 않게 인간의 구원을 이루신다. 아주 작고 보잘것없이 보이는 것에 바로 하느님 구원의 위대한 신비가 감추어져 있다. 십자가의 무능에서 하느님께서는 악마를 이겨내시는 당신 권능을 계시하신다. 살인자들의 증오에서 하느님께서는 당신 사랑을 계시하시고, 이 세상의 모든 악을 이겨내신다.

호수의 풍랑 (4,35-41과 6,45-52)

마르코는 예수께서 호수를 건너시는 모습을 세 번 전해준다(4,35-41; 6,45-52; 8,14-21). 호수를 건너시는 그때마다 제자들은 위기에 빠져 있다. 예수께서는 그때마다 구원자로 나타나신다. 하지만 셋째 장면에서 분명하게 엿볼 수 있는 것처럼, 제자들은 그 예수를 이해하지 못한다. 그들은 눈이 먼 상태이다. 세 번이나 호수 건너편으로 가시는 모습은 많은 것을 상징하고 있다. 예수께서는 거센 풍랑이 이는 삶의 호수를 건너가는 우리의 여정에 동행하신다. 그분은 우리가 그분과 함께 호수의 건너편, 곧 하느님 영광의 항구에 틀림없이 다다를 수 있다는 확신을 주신다. 하지만 우리는 삶의 여정에서 늘 다시금 위기에 빠진다. 우리가 예수께 향하기만 하면 이런 위기는 오히려 절호의 기회가 된다.

우리 인간의 삶은 거센 풍랑이 이는 호수에 비유할 수 있다. 초대교회의 교부들은 거센 풍랑이 이는 호수에서 노저어 가는 배를 연약하고 위태로운 인간 삶으로 생각했다. 바로 이런 상황을 마르코는 우리에게 보도한다. 예수께서는 호숫가의 배에 올라 많은 비유를 가르쳐 주신 다음 군중과 헤어져 건너편, 곧 이방인 지역으로 건너가자고 말씀하신다. 때는 저녁이다. 마르코가 이야기하는 저녁과 밤이란, 항상 악마가 괴롭히는 밤을 뜻한다. 어둠이 드리워지면, 인간의 영혼 안에 악마의 세력이 나타나기 시작한다. 하지만 어둠이 짙게 드리워지면, 예수께서는 십자가에서 악마의 권세를 이겨내실 것이다. 따라서 마르코는 자신의 복음서에서 항상 예수의 십자가 죽음의 승리를 상기시킨다. 여기서 악마는 제자들을 괴롭히는 자연의 힘을 불러일으킴으로써 자신의 힘을 과시한다. "그런데 거센 회오리바람이 일어 파도가 배 안으로 덮쳐 들어와서 배가 곧 물로 가득 차게 되었다"(4,37). 예수께서 풍랑과 배의 요동에도 배의 고물에서 베개를 베고 주무신 것은 놀라운 일이다. 그분은 거센 바람과 파도소리에도 깨지 않으셨고, 깊이 주무시고 계셨다. 추측건대 마르코는 그런 위험에도 아무런 동요를 하지 않으시는 예수의 모습, 곧 하느님께 대한 굳은 신뢰를 염두에 두고 있다. 사실 잠은 하느님의 손 안에서 누리는 평온을 상징한다. 풍랑 한가운데서도 예수께서는 하느님 안에서 쉬고 계시다. 이것은 우리가 삶의 거센 풍랑을 어떻게 이겨낼 수 있는지를 잘 보여 준다. 우리가 불안 가운데서 우리 영혼의 내면에서 빠져나와 하느님 안에 머물면, 우리를 삼킬 듯한 파도는 이내 사라질 것이다. 파도는 우리를 삼킬 수 없다.

제자들이 탄 배에서 예수께서 자고 계시다는 것은 또 다른 것을 상징하고 있다. 곧 예수께서 제자들 곁에 계시지만, 제자들은 오직 자신들끼리만 있다고 생각하는 것이다. 예수께서는 주무심으로써 제자들과 일정한 거리를 두고 있다. 이로써 마르코는 우리 모두가 익히 알고 있는 상황을 암시한다. 곧 우리가 곤경에 빠질 때, 삶의 거센 바람과 폭풍이 우리에게

휘몰아칠 때, 우리의 영혼이 무의식적인 물 속에 잠겨 죽게 되었을 때, 우리는 거의 홀로 남아 있다는 인상을 받는다. 예수와 단절된 것처럼 느껴진다. 예수께서는 우리의 배 안에서 자고 계시다. 우리는 그분을 느끼지 못한다. 그분을 만날 수도 깊은 관계를 맺을 수도 없다. 우리는 그분의 말씀들을 익히 알고 있지만, 그 말씀들은 우리 안에서 아무런 능력을 발휘하지 않는다. 우리는 미사성제 때 그분을 받아모시지만, 그분은 우리의 마음을 움직이시지 않는다. 그분은 우리 영혼의 내면에 거세게 이는 풍랑을 잠재우시지 않는다.

제자들은 예수를 깨우며 불만을 이렇게 토로한다. "선생님, 우리가 죽게 되었는데도 걱정이 안 되십니까?"(4,38). 성서 원문인 그리스어본을 보면 여기서 가파르나움 회당에서 악령이 사용했던 같은 단어를 쓰고 있다. "우리를 없애러 오셨습니까?"(1,24). 제자들은 예수께서 자기들을 구하지 않고 죽게 놔둔다고 생각하며 불안에 떨고 있다. 그들은 예수께서 깊이 주무시는 모습에서 하느님께 대한 그분의 깊은 믿음을 보지 못하고, 예수께서 자신들을 멀리하고 있다고 생각한다. 그들은 예수께서 수부시는 이유가 자기네들에 대한 무관심 때문이 아닌가 하고 생각한다. 그들은 모든 노력을 기울였지만 점점 배가 가라

앉는다. 그래서 이제 어떻게 해야 할지 알 수가 없었다. 예수께서는 제자들의 의구심에 대꾸하지 않으신다. 그분은 당신 자신을 정당화하거나 변명하지 않으신다. 오히려 일어서서 바람을 꾸짖고 호수에게 말씀하신다. "잠잠해져라. 조용히 있어라"(4,39). 예수께서는 마치 살아 있는 생명체에게 말씀하듯이 바람과 호수에게 말씀하신다. 한마디 명령으로 추방하셨던 악령처럼 다루신다. 고대인들은 아주 심한 자연재해에 악의 세력이 활동하고 있다고 믿었다. 예수께서는 그 세력을 향하여 잠잠하라고 명령하셨다. 예수의 말씀은 구마경과 같다. 그분은 이 세상의 환경에서 악령을 쫓아내신다. 그러자 바람과 호수가 잠잠해진다. 제자들은 자연재해마저 예수께 복종하는 것을 보고 크게 놀란다. 예수께서는 악령만을 다스리시는 것이 아니라 자연마저 다스리신다. 그분의 말씀은 피조물에까지 미친다. 그분 말씀은 "아주 고요해졌다"(4,39)는 효력을 일으킨다. 여기에 사용된 그리스어 "갈레네 메갈레"*galene megale*는 "깊은 정적"을 뜻한다. 예수께서 우리 안에 일어나시어 우리의 영혼의 어둠에서 악령을 쫓아내시면, 우리는 평온을 찾을 것이고, 완전히 잠잠한 가운데 우리 내면 깊숙한 곳에 자리잡고 있는 하느님의 신비에 마음을 열 것이다.

예수께서는 제자들을 향하여 말씀하신다. "왜 겁 냅니까? 아직도 믿음이 없습니까?"(4.40). 제자들은 예수를 체험했다. 그리고 그분의 말씀을 들었다. 그러나 아직 그분을 믿지 않는다. 그들은 악마의 권세를 두려워한다. 그들은 예수께서 악마를 이겨내시는 참된 주인이며, 예수 안에 하느님의 권능이 작용하고 있음을 아직도 알지 못한다. 여기서 우리는 제자들에 대한 마르코의 전형적인 이해를 엿볼 수 있다. 그들은 예수를 가까이서 체험했을지라도 믿음에 다다르지 못한다. 마르코는 제자들을 믿지 못하는 사람들로 묘사함으로써 독자들에게 예수께서 이 세상 모든 권세의 주인임을 믿도록 초대한다. 동시에 독자들은 제자들에게서 자신의 모습을 엿볼 수 있을 것이다. 독자들은 제자들과 비슷한 모습을 지니고 있다. 독자들도 예수의 말씀을 들었고, 그분께서 행동하신 기적과 권능의 행적을 읽었다. 그럼에도 불구하고 그들은 제자들처럼 어둠의 세력에게 좌우된다. 그래서 그들에게는 예수께서 멀리 계신 것처럼 보인다. 자기들을 멀리 떠났거나 자고 계시다고 생각한다. 그리고 예수께서 주무시는 모습을 보고 즉시 불안에 빠진다. 마르코는 여기서 예수를 우리의 불안을 극복하도록 도와주시는 분으로 묘사한다. 불안은 결국 우리를 항상 무의식의 소용돌이에 빠지게 하고 멸망으로 이끄는 근원이다. 마르코는 독자들에게 불안의 한가운데서 일어서서, 불안과 함께 이 세상의 주인이신 예수께 가라고 요구하고 있다. 예수께서는 불안에 떠는 영혼에게 온전한 평온을 가져다주고, 그 불안을 신뢰하는 마음으로 변화시키는 권능을 지니셨다.

호수의 풍랑에 관한 둘째 이야기에서는 제자들만이 배를 타고 호수를 건너가고 있다. 예수께서는 기도하러 산으로 물러가셨다. 산에서 그분은 제자들이 고생하는 것을 보신다. "바람이 마주 불어왔기"(6,48) 때문이다. 이는 우리의 삶을 상징한다. 우리는 삶의 여정에서 종종 역풍을 만난다. 모든 것은 우리를 반대한다. 예수께서는 밤 사경에 제자들에게로 가신다. 이것은 삶의 한복판에 닥치는 풍랑을 상징할 수 있다. 하지만 다른 뜻으로도 해석할 수 있다. 예수께서는 이미 저녁 무렵에 제자들이 역풍으로 인해 몹시 애를 쓰고 있는 것을 보셨다. 그럼에도 불구하고 그분은 밤 사경까지 기다리신다. 그분께서 그곳에 가시는 데는 그렇게 많은 시간이 걸리지 않는다. 오전 세 시부터 여섯 시까지인 밤 사경은 아침에 가까운 시간이다. 저녁과 밤은 항상 어둠과 악마의 세력이 활개 치는 시간을 상징한다. 다른 항구로 항해하는 우리의 여정에는 온 밤이 소요된다. 이는 악마의 권세가 활동하는 영역들을 거쳐 마침내 해방하시는 하느님의 항구에 이르는 우리 삶의 여정을 상징하고 있다. 아침은 부활의 시간이다. 예수께서는 당신 부활로 어둠의 세력을 이겨내셨다. 따라서 호수를 걸으신 예수께서는 미리부터 죽음의 밤을 이겨내셨던 부활하신 분을 암시하고 있다. 하지만 제자들은 그분을 알아보지 못한다. 유령인 줄로 생각한다. 그러나 그분은 제자들에게 "힘내시오. 나요. 겁내지 마시오"(6,50) 하신다. 예수께서는 불타오르는 가시덤불에서 있었던 하느님의 계시를 상기시키는 "에고 에이미"*ego eimi*의 형식으로 당신 자신을 계시하신다. 구원하시고 해방하시는 하느님께서는 삶의 여정에 있는 우리를 바로 이 예수 안에서 만나신다. 예수 그리스도의 하느님은 항상 우리를 불안에서 해방하시고, 우리에게 신뢰를 불러 일으키시는 하느님이다. 우리를 불안에 떨게 하는 신은 악마일 뿐이지 예수의 하느님은 아니다. 예수께서 가까이 현존하시면 우리에게서 모든 불안이 사라진다. 그분께서 배에 오르시자 바람이 즉시 그친다. 빵을 많게 하신 기적에서처럼 여기서도 제자들은 아직 깨닫지 못하고 있다. 그들은 예수를 생명을 베풀어 주시는 분, 죽음을 지배하시는 주님으로 깨달을 수 없다. 그러나 우리 독자들은 이 예수 안에서 우리의 굶주림을 채워주시고, 풍랑과 위험이 늘 도사리고 있는 우리 삶의 여정에 동행해 주시는 분을 깨달아야 할 것이다. 그분이 우리 안에 계시면, 어떤 악마의 권세도 우리를 생명과 하느님에게서 떼어놓을 수 없을 것이다. 그러면 우리는 다른 항구에 안전하게 도착할 것이다.

게라사에서 악령에 사로잡힌 사람의 치유(5,1-20)

이 이야기는 마르코가 전하는 특별한 이야기다. 많은 주석가들은 예수께서 그렇게 활동하지 않으셨다고 생각한다. 그러니까 본디 떠돌아다니던 이야기였는데, 예수와 결부되었다는 것이다. 하지만 이런 식의 해석은 우리에게 도움이 되지 않는다. 나는 이야기를 있는 그대로 받아들이고 싶다. 여기서 예수께서는 데카폴리스라는 이방인 지역에 가신다. 그러니까 그분은 유다인 지역에서만 활동하신 것이 아닌 셈이다. 이방인 지역에서 미친 사람이 예수께 마주 다가온다. 마르코는 그가 더러운 영에 사로잡힌 사람이라고 말한다. 그리고 그 더러운 영이 어떤 영인지를 우리에게 자세히 묘사한다. 이런 묘사를 통해 우리는 미친 사람의 내적 사정을 잘 깨달을 수 있다. 그는 죽음이 자리잡고 있는 무덤에서 산다. 단지 무덤에서만 거주할 수 있는 그 사람의 영혼은 어떤 상태일까? 세상에는 자신들의 방을 검정색으로 칠하는 사람들이 있다. 그 안에서 모든 것은 우중충하고 어두워 보인다. 어둠이 그 사람들의 영혼을 지배한다. 바로 우울증 환자들이 겪고 있는 상태다. 이들은 내면의 무덤에 거주하고 있는 것이다. 무덤은 인간의 타락을 상징한다. 모든 것에서 죽음과 부패의 냄새를 풍기는 사람들이 있다. 이 사람들에게는 약동하는 생명력을 찾아볼 수 없다. 이들은 자학적이고 파괴적인 힘, 악의 소용돌이, 해체와 파괴에 휩싸이는 사람들이다.

무덤에 사는 사람은 대개 사람을 피한다. 하지만 이 환자는 노골적으로 사람들에게 나타나 사람들을 놀라게 하거나 혼란에 빠뜨린다. 아무도 그를 묶어 둘 수 없기 때문이다. 그에게는 엄청난 힘이 솟구쳤기 때문에 사람들은 그를 휘어잡을 수 없었다. 그는 쇠고랑과 쇠사슬을 부수었다. 사람들은 이 환자를 쉽게 다룰 수 없었다. 사람들은 그에게 규율을 강요함으로써 그를 묶어 두려 했지만, 그는 이내 규율을 벗어난다. 그는 자기 자신의 길을 걷는다. 아마 사람들은 그를 안정시킴으로써 자신들을 더 이상 괴롭히지 못하게 하고, 자신들의 가족을 비방하지 못하게 하고 싶었다. 그래서 더러운 영에 사로잡힌 사람이 자신의 주변 환경에 관련해서만 행동하게 유도했다.

주변 환경은 이제 더러운 영에 사로잡힌다. 하지만 주변 환경은 이 환자의 알려지지 않은 모습과 무질서를 참아내지 못하고, 그를 묶어 두려고 시도한다.

  마르코는 우리에게 환자에 대해서 또 다른 사실을 알려준다. 곧 환자가 밤낮없이 소리 지른다는 것이다. 이것은 하나의 역설이다. 왜냐하면 무덤으로 피하는 사람은 본디 홀로 있기를 원하고, 다른 사람들과 함께하기를 원하지 않는데, 그런 그가 소리 지르는 것은 다른 사람을 만나고 싶어서이기 때문이다. 그는 사람들이 자신의 목소리를 듣고 반응을 보일 때까지 계속 소리 지른다. 이것은 양가兩價 감정이 있는 환자의 태도를 잘 드러낸다. 그는 홀로 있기 위해 뒤로 물러나지만 사람들과 관계를 맺기를 원한다. 그는 몸을 숨기면서도 사람들이 자신을 찾지나 않나 하고 주위를 살핀다. 그는 사람들에게서 상처를 입지 않기 위해 무덤에 피해 있기를 원했지만, 돌로 제 몸을 짓찧곤 했다. 그는 자기 자신을 마구 대한다. 늘 자기 자신에게 상처를 입혔던 어떤 여인은 내게 그렇게 행동한 이유를 말했다. "다른 사람들이 제게 상처를 입히기 전에 제 스스로 상처를 입히는 것이 훨씬 낫습니다." 많은 사람들은 스스로에게 상처를 입히는 것이 자기 자신을 느낄 수 있는 유일한 방법이라고 생각한다.

악령 들린 사람은 무덤에 거주한다. 그는 죽기를 간절히 원하지만, 또한 자기 자신을 느끼고 싶어한다. 자신이 살아 있다는 것을 느끼고 받아들이기 위해 그가 택할 수 있는 유일한 방법은 자기에게 스스로 상처를 입히는 일이다.

환자의 태도에서 나타나는 양가 감정은 다음 장면에서도 찾아볼 수 있다. 환자는 예수를 보자마자, 그분께 달려가 무릎을 꿇는다. 그분의 권능을 인정하는 듯이 행동한다. 그분의 관심을 드러나게 불러일으킨다. 아마도 예수에게서 치유받을 수 있음을 깨달았을 것이다. 하지만 그는 예수께 이렇게 소리 지른다. "지극히 높으신 하느님의 아들 예수님, 당신이 저와 무슨 상관이 있습니까? 하느님 이름으로 말합니다. 제발 괴롭히지 마십시오"(5,7). 그는 치유받기를 원하지만 동시에 이를 거부하고 있다. 이런 양가 감정은 환자들에게서도 쉽게 찾아볼 수 있다. 그들은 건강을 회복하고 싶은 갈망과 이에 대한 저항 사이를 맴돈다. 왜냐하면 병석에서는 자신들이 어떤 처지에 있는지를 알기 때문이다. 곧 그들이 건강을 회복한다면, 그 다음에 무슨 일이 닥칠지 알지 못한다. 그들은 적어도 일련의 책임을 회피할 수 없다. 그들은 자신의 삶을 가꾸어야 한다.

예수께서는 환자의 인격과, 그를 사로잡았던 더러

운 영을 구분하신다. 그분은 혼란에 빠진 사람 안에서 아직 잃지 않은 건강한 내면을 바라보신다. 그리고 이 내면의 본질을 신뢰하신다. 예수께서는 이 건강한 내면에서 사람을 병들게 하는 삶의 자세를 분리시키신다. 그의 사고를 기만하는 더러운 영을 분리시키고, 내적 억압과 고정적 관념들을 분리시키신다. 예수께서는 환자에게 이렇게 물으신다. "이름이 무엇이냐?"(5,9). 이름은 어떤 외적인 것이 아니라 사람의 내면을 표현하는 것이다. 예수께서는 이 물음을 통해 환자와 대결하신다. 환자는 자신이 정말 누구이며, 참된 본질이 무엇인지를 말해야 한다. 예수께서는 이목을 끌 만한 환자의 태도에 대해 아무런 말씀도 하지 않으신다. 그분은 환자를 진지하게 대하신다. 그러면서 환자가 자신의 증상들을 바라보지 말고 참된 본질을 바라보도록 이끄신다. 하지만 환자는 정곡을 피하는 대답을 한다. "군단입니다. 수가 많으니까요"(5,9). 악령 들린 사람은 여기서 로마의 군대에서 사용하던 단어를 사용한다. 한 군단은 6,000명의 군인으로 구성되어 있다. 환자가 이로써 무엇을 말하고 있는지 우리는 어렵지 않게 상상할 수 있다. 그의 영혼은 곧 6,000명의 군화로 짓밟힌 상태이다. 그 군홧발로 그의 내면 깊은 곳을 마구 짓밟았다. 이제 그는 자신이 도대체 누구인지 알지 못한다. 그의 자아는 자신을 거부하고 상처 입히고, 군홧발 아래에 짓눌려 있다. 그래서 그는 자기 자신을 군단처럼 느낀다. 이 환자 안에는 정신 질환의 한 군단이 자리잡고 있다. 마치 군단처럼 그의 인격은 수없이 갈라져 있다. 그의 내면은 수없이 분열되어 있어 자기 자신이 누구인지 스스로 알지 못한다. 그리고 자신의 전체적 인격을 파악하지 못한다. 그는 예수와 만남으로써 참자아를 발견하게 된다. 가끔 우리는 내면을 잘 다스리는 사람과 만남으로써 우리 자신의 깊은 내면에 이르는 도움을 받는다. 예수께서는 자기 자신과 하나이며 하느님과도 하나이신 분이다. 그분은 스스로 분열된 사람에게 마치 자석처럼 갈라진 영혼의 모든 부분을 다시 하나로 모으는 역할을 하신다.

그런 다음 이야기는 이제 독창적으로 전개된다. 더러운 영들은 예수께 그 지역에서 몰아내지 마시고 돼지들 속에 들어가게 해 달라고 간청한다. 예수께서 허락하시자 돼지들은 호수를 향해 내리달려 모두 빠져죽었다. 이것은 무엇을 의미하는가? 예수께서는 빠져죽은 돼지들에 대해 일말의 동정심도 없으셨는가? 유다인들에게 돼지는 불결한 농불이었다. 예수의 제자들은 많은 돼지들이 빠져죽은 것을 기뻐했을 것이다. 우리가 이를 내적 상징으로 관찰한다면, 이렇게 해석할 수 있다: 환자의 불결하고 더러운 것들은 모두 돼지 속으로 들어갔다. 그러니까 더러운 영이 외적으로 드러나고 표현됨으로써 더 이상 환자의 내면을 장악하지 못하게 되었다는 것이다.

더러운 영은 물 속에 빠진다. 물은 무의식 세계를 상징한다. 더러운 것은 표현됨으로써, 언어로 표출되거나 환자의 비정상적인 모습으로 드러남으로써, 무의식 세계를 다스리는 힘을 잃어버린다. 우리의 의식적 사고와 행위를 속이고 결정짓는 무의식 세계를 더러운 것은 더 이상 다스리지 못한다.

돼지 떼는 가축 치는 사람들의 소유물이다. 그들은 큰 재산을 무척 자랑스러워했다. 하지만 그들은 재산에 만족해하면서 사람을 등한시한다. 그래서 사람이 더러운 영에 사로잡힌다. 가끔 아버지가 전 재산을 잃어버렸을 때, 그러니까 외부 일을 멀리하고 다시 아들에게 사랑을 쏟을 때 아들이 건강을 되찾는 것과 같다. 재산에만 집착하는 부모들은 아들딸이 어떻게 병들어 가는지 알아차리지 못한다. 이런 부모들은 자녀를 돕기 위해 용하다는 의사를 모두 찾아다닌다. 그들은 자녀의 건강을 되찾기 위해 많은 돈을 지불해야 한다. 그들이 치유를 위해 지불했던 돈이 자녀를 치유하는 것이 아니다. 그들은 돈을 잃을 뿐만 아니라 자신의 내면 세계마저 분열된다.

가축의 소유자들이 가까이 다가와서 일어난 일을 모두 목격한다. 하지만 무슨 일이 일어났는지를 깨닫지 못한다. 그들은 자신들의 소유물들이 더러운 악령에 들려 모두 빠져죽은 것만을 목격한다. 그 사건에서 감동을 받지 못한다. 그래서 그들은 예수께 그 마을에서 떠나달라고 간청한다. 그들은 구원자를 필요로 하지 않은 셈이다. 오히려 구원자가 자신들의 재산과 관습을 무너뜨리고 있다고 생각한다. 자신들의 삶을 혼란스럽게 만든다고 생각한다. 치유받은 사람은 예수에게서 어떤 힘이 나왔는지를 느낀다. 그는 예수 곁에 있고 싶어한다. 예수께서 제자들과 함께 배에 오르시자 그는 예수와 함께 길을 떠나고 싶어한다. 그는 치유와 자비를 베푸시는 예수의 현존이 자신에게 유익하다는 것을 알고 있다. 그는 자신의 새로운 신원을 확고하게 하고자 예수께 가까이 있고 싶어한다. 하지만 예수께서는 그를 허락하지 않으신다. 그는 집으로 가서 가족에게 예수께서 행하셨던 일이며 자신에게 자비를 베푸셨던 일을 알려야 한다. 그가 건강해지기 위해서는 그에게 상처를 입혔던 사람들과 화해하는 일이 중요하다. 그는 자신의 신원을 잃었던 바로 그곳에서 신원을 회복해야 한다. 예수께서는 그렇게 상처를 입고 환자였던 그를 치유하신 다음, 데카폴리스라는 이방인 지역에 선교사로 보내신다. 사람들은 그의 말을 듣고 놀란다. 악령 들린 사람처럼 생명의 위협과 위기를 극복했던 사람은 하느님과 예수의 활동을 생동감있게 전할 수 있다. 그는 청중들의 마음에 무엇인가를 심어 준다. 청중들은 하느님의 신비에 마음을 연다. "모두들 놀랐다"(5,20).

야이로의 딸과 하혈하는 부인의 치유(5,21-43)

야이로의 딸의 소생과 하혈하는 부인의 치유를 예술적으로 엮어 놓은 이 이야기는 인간관계에 대한 이야기다. 이 이야기는 아버지의 관심을 받지 못한 소녀가 어떻게 되는지를 보여 준다. 첫째 치유 이야기에서 아버지는 회당장이다. 그는 회당에서 중요한 직책을 맡고 있으면서도 정작 딸을 돌보지 못한다. 딸은 병에 걸린다. 나아가 죽음에까지 이른다. 딸은 더 이상 살 수 없게 된다. 아버지는 자신의 열심한 신앙과 높은 지위에도 불구하고 딸을 도울 수 없다는 사실을 깨닫는다. 그래서 치유의 첫 단계로 그는 다른 사람을 찾아간다. 곧 예수의 발치에 엎드려 도움을 청한다. 그는 자신의 무능을 인정한 것이다. 이 단계는 딸의 치유를 위해 중요하다. 아버지가 모든 것을 좌지우지할 수 있다는 권세를 버릴 때, 딸도 역시 숨통을 막는 아버지의 손에서 해방될 수 있다.

예수께서는 딸을 치유하시기 전에 먼저 그녀의 아버지에게 향하신다. 그분은 먼저 간청한 사람에게 향하신다. 예수께서는 아버지와 딸의 관계가 불편한 관계임을 느끼신다. 아버지들은 모든 것을 손에 넣기를 좋아한다. 이 때문에 그들에게는 자신들의 딸을 놓아주고 치유하시는 하느님의 손길에 내맡기는 일이 어렵다. 이런 맥락에서 예수께서는 회당장에게 이렇게 말씀하신다. "겁내지 말고 믿기만 하시오"(5,36). 아버지가 자신의 무능을 인정하고 딸에 대한 집착을 버린 채 하느님의 손에 내맡길 때 비로소 딸은 건강을 되찾을 수 있다. 아버지의 불안은 딸을 강력하게 통제하거나 아니면 딸이 자신의 생각에 부합하게끔 하는 데 모든 것을 바치거나, 둘 중 하나를 선택하도록 강요한다. 아버지는 딸의 생각을 후원하지만, 이는 딸을 신뢰하기 때문이 아니라, 딸을 자기 마음대로 다루기 위해서이다. 하느님께서 원하신 사람이 되도록 딸을 하느님께 내맡기지는 않는다.

예수께서는 아버지와 함께 소녀의 침상에 다가가 손을 붙잡고 말씀하신다. "탈리다 쿰", 번역하면 "소녀야, 너에게 이르노니, 일어나거라"(5,41)이다. 예수께서는 소녀에게 손을 내미시고 당신 권능의 힘을 베풀어 주신다. 그러고는 소녀가 자신의 발로 일어서서 자신의 길을 갈 수 있음을 굳게 신뢰하신다. 예수께서는 소녀를 붙잡지 않으신다. 자신의 길을 갈 수 있도록 자유롭게 하신다. 그리고 사람들에게 소녀에게 음식을 주라고 이르신다. 소녀에 대한 과잉 보호, 뭐든 쉽게 하도록 도와주고, 모든 어려움과 위험에서 감싸 주는 것이 소녀에겐 그다지 도움이 되지 않는다. 오히려 소녀의 원기와 생명력을 강화시켜주는 일이 중요하다. 먼저 소녀에게 음식을 주는 일은 소녀가 자기 자신과, 자신의 몸과 힘과 생명력을 만나게 해준다. 이를 통해 소녀는 살게 된다.

예수께서는 야이로의 간청으로 열두 살 된 그의 딸을 만나기 위해 길을 떠나신다. 그런데 그 도중에 그분은 열두 해 동안 하혈의 고통을 겪고 있던 부인을 만나신다. 딸이 열두 해 동안 성장했다고 말할 수 있을 것이다. 열두 해 동안 하혈에 시달렸던 부인은 여성성과 성생활에 큰 장애를 느꼈다. 숫자 12는 상징적으로 해석될 수 있다. 12는 온전함, 관계 맺는 능력 등을 의미한다. 사람은 관계 맺는 능력을 갖출 때 비로소 참된 본질에 이른다. 두 환자는 실제로 관계 맺는 능력을 상실하고 있었다. 소녀는 죽음에 이르고 있었고 이를 통해 모든 관계가 단절되고 있었다. 그녀는 모든 것에서 고립되어 있다. 하혈하는 부인은 사람들과 원만한 관계를 원했다. 그러나 그녀는 전도된 길을 걷기 때문에 그럴 능력이 없었다. 그녀는 다정스런 관계를 맺기 위해 늘 자신을 내주었다. 그녀는 다른 사람 곁에 머물러 있으려고 자신의 피, 그러니까 자신의 힘과 능력과 생명력을 주었다. 사람들의 인정과 사랑을 얻기 위해 주의를 기울이고, 온 힘을 소진했다. 그녀는 갈수록 점점 약해졌다. 그녀는 많은 것이 필요했기 때문에 많은 것을 주었다. 하지만 그녀는 아무것도 얻지 못했다. 그녀는 자신의 피만이 아니라 가진 모든 재산을 주었다. 재산과 돈은 꿈에서 늘 자신의 능력과 가능성을 의미한다. 우리는 사람들에게 인정받기 위해 모든 능력을 발휘하고, 모든 노력을 다 기울인다. 그러나 우리는 늘 손해만 보고 결국 허탈함을 느낀다.

부인이 자신을 내주기를 포기하고 예수의 옷자락에 손을 대었을 때 큰 변화가 일어난다. 부인은 예수의 옷단에 달린 술을 만진다. 이로써 그녀는 예수의 일부분인 영성, 곧 하느님과의 관계를 어루만진다. 그녀는 더 이상 얻기 위해 주는 것이 아니라 그저 필요한 것을 얻을 뿐이다. 그리고 그녀는 결정적인 것을 받아들임으로써 필요한 것을 얻는다. 곧 그녀는 치유된다. 흐르던 피가 멎는다. 그녀는 예수에게서 나온 힘을 느낀다. 그녀는 단지 뒤에서 예수의 옷을 만졌다. 이렇게 은밀하게 이루어졌던 일은 이제 공개되어야 한다. 그녀는 자신의 질병과 치유를 정면으로 바라보아야 한다. 그녀는 사실을 있는 그대로 말해야 한다. 그래서 그녀는 육신으로만이 아니라 있는 그대로의 온전한 모습으로, 자신의 삶 전체와 여성의 존재 전체로 받아들여졌음을 느낀다. 그녀는 예수에게서 나왔던 힘을 느꼈기 때문에 그분께 모든 사실에 대해 말씀드릴 수 있다. 그녀는 신뢰를 불러 일으키고 치유하시는 예수의 권능을 느꼈다. 이 때문에 그녀는 자신에게서 일어났던 모든 사실을 그분께 말씀드린다. 하지만 이것은 남성 중심 사회에서 쉬운 일이 아니었다. 특히 그 사회는 하혈하는 자신을 통해서 더럽혀진 상태였기 때문이다. 왜냐하면 당시 하혈하는 여인과 접촉하는 사람은 다시 깨끗해지기 위해 정화의식을 행해야 했기 때문이다. 그러나 예수께서는 부인에게 이렇게 말씀하신다. "나의 딸이여, 그대 믿음이 그대를 구원했습니다. 평안히 가시오. 그리고 병고에서 나아 건강해지시오"(5,34). 예수께서는 그녀를 딸이라고 부르신다. 그분은 그녀의 관계를 회복해 주신다. 그분은 그녀를 단지 낯선 여인으로 대하지 않으신다. 그분은 그녀를 하느님 가족의 한 일원으로 받아주신다. 그리고 그녀가 올바로 행동했으며, 그녀의 믿음이 그녀를 구했다고 선언하신다. 그녀가 사랑과 자비를 얻기 위해 모든 것을 내주는 행동을 하고 있을 때, 그녀는 믿지 못했다. 이때 그녀는 모든 것을 스스로 얻으려 했고, 스스로 완성하려 했다. 그러나 이제는 예수를 신뢰하고, 삶에 필요한 모든 것을 그분에게서 받는다. 이것이 그녀를 치유하고, 그녀를 다시 일어서게 한다.

오천(6,30-44) 혹은 사천 명(8,1-10)을 먹이신 기적

마르코는 빵을 많게 하신 기적을 두 번 보도한다. 많은 주석가들은 마르코가 같은 사건을 두 번 전하고 있다고 생각한다. 하지만 마르코 복음의 구조를 놓고 볼 때 이 기적을 보도하는 두 텍스트는 매우 중요하다. 마르코에게는 제자들의 반응이 중요하다. 빵을 많게 하신 두 번째 기적에서 제자들은 마치 첫 번째 기적을 잊은 듯이 행동한다. 제자들은 빵을 많게 하신 예수가 누구인지를 깨닫지 못한다. 마르코는 군중을 배불리 먹이신 이 두 기적 모두 배를 타고 호수를 건너가는 장면들 사이에 배치한다. 그리고 호수를 건너가면서 예수께서는 초자연적 권능을 제자들에게 보여 주신다. 하지만 이런 기적도 제자들의 믿음을 불러일으키지 못한다. 그래서 예수께서는 세 번째로 호수를 건너는 장면에서 제자들을 심하게 질책하신다. "아직도 알아듣지 못하고 깨닫지 못합니까? 그토록 마음이 둔합니까? 눈이 있어도 못 보고 귀가 있어도 못 듣습니까?"(8,17-18). 예수의 권능을 체험했던 빵을 많게 하신 두 번의 기적을 통해서도, 호수를 세 번이나 건너신 사건을 통해서도 제자들은 신앙에 마음을 열지 않았다. 그들은 맹인이나 다름이 없다. 따라서 그들은 독자들에게 복음을 열린 눈과 넓은 마음으로 읽으라고 끊임없이 경고하고 있는 셈이다.

많은 주석가들은 빵의 기적을, 예수께서 제자들에게 비축해 둔 빵을 나누어 주라고 요구하셨다는 식으로 해석한다. 이에 대해 이에르셀은 "그렇게 해석할 경우, 이 기적은 버터빵을 지참하지 않았던 사람들의 천박한 일상 이야기로 폄하된다"(Iersel 156)고 지적한다. 여기서 관건은 일상의 이야기가 아니라 무엇인가 특별한 일, 곧 하느님 영광의 신비스런 현현이다. 빵은 떼어 나눌 때, 수많은 사람들이 먹을 수 있다. 이것은 예수의 죽음을 암시하며, 예수께서 당신 죽음의 상징으로서 빵을 떼어 나누어 주시던 최후만찬을 암시한다. 예수의 죽음은 생명의 원천이다. 그 죽음에서 사람들은 양식을 충분히 얻는다. 거기에서 사람들은 빵과 물고기, 자신들의 육신과 영혼의 양식을 얻는다.

두 기적 이야기에서 숫자는 분명 우연한 것이 아

니다. 빵 다섯 개로 오천 명의 남자들이 배불리 먹고 남은 빵을 모았더니 열두 광주리에 가득 찼다. 빵 일곱 개로 사천 명이 배불리 먹고 남은 빵이 일곱 광주리였다. 5는 인간을 상징하는 숫자이다. 예수께서는 온전한 사람이시다. 그리고 이 예수와 만남을 통해 인간들은 참된 본질에 이른다. 열두 광주리는 교회 공동체를 뜻하고, 공동체를 이루는 능력을 상징한다. 그리스도와의 만남을 통해 자신들의 완전성을 발견하는 인간들은 또한 서로 공동체를 이루며 살고, 하느님의 새로운 백성이 될 수 있다. 빵 일곱 개는 그리스도를 통해 일어나는 변화를 상징한다. 그리고 사천 명은 하늘을 가리키는 방위를 상징한다. 사천 명을 먹이신 기적에서 몇몇은 먼데서 왔다고 말한다. 이는 팔레스티나 밖에서 온 이방인을 뜻한다. 이 두 기적 이야기는 모두 내적 역동성을 지니고 있다. 첫 기적은 예수를 통해서 새로운 이스라엘로 부름을 받는 유다인에게 해당된다. 이런 사실은 군중이 풀밭에 앉은 모습에서도 드러난다. 사람들은 백 명씩 또는 오십 명씩 무리를 지어 자리잡았다. 이 모습은 광야의 옛 이스라엘 백성을 연상시킨다. 둘째 기적은 사방에서 모여 온 이방인들에게도 해당된다. 이 기적은 이방인 지역에서 일어난다. 마르코는 예수께서 구원을 점차 이방인들에게까지 확대하여 베푸셨다고 증언한다. 그렇기 때문에 게라사의 미친 사람 치유와 시로페니키아 여인의 딸 치유가 마르코 복음에서 언급된다.

첫 번째 빵의 기적에서 예수께서는 군중을 보고 측은히 여기셨다. 그들은 "목자 없는 양떼 같았기 때문이다"(6,34). 이로써 마르코는 실제로 목자가 없는 유다인을 가리킨다. 이스라엘의 스승과 지도자는 이미 배반한 상태이다. 목자가 없는 양들은 오늘날 우리 자신을 상징하기도 한다. 목자 없는 양들은 길을 잃고 만다. 그들은 뿔뿔이 흩어진다. 각자는 자신의 길을 가고, 아무런 도움을 받지 못한 채 위험에 적나라하게 노출되어 있다. 그들은 풀밭을 찾지 못한다. 예수께서는 양들을 이끄신다. 그분은 그들에게 가르침을 통해 그들 현존재의 의미를 밝혀 주시고, 풀밭으로 인도하시어 양식을 찾게 하신다. 예수께서 그들에게 선포하시는 말씀은 양식이 된다. 그분은 양들을 따뜻하게 돌보신다. 그분은 그들의 병을 고쳐 주시고, 목동처럼 양들을 인도하신다. 그리고 사람들을 무리지어 풀밭에 앉게 하신다. 이는 건강하고 구원받은 생명의 문화를 의미한다. 게다가 예수께서는 양들의 배고픔을 잠재우신다. 그분은 그들에게 참으로 양식이 되고 만족과 충만을 주는 것을 베풀어 주신다. 이런 모든 것은 그분이 인간에게서 느끼셨던 측은함을 잘 표현하고 있다. 이 측은함은 그분의 십자가 죽음에서 절정에 이른다. 십자가에서 그분은 우리의 심각한 굶주림을 채우기 위해 유일한 빵을 쪼개신다. 이 빵은 곧 제자들과 함께 배에 타고 있었던(8,14) 그분 자신의 몸이다.

두 번째 기적에서도 예수께서는 측은한 마음을 지니신다. 하지만 측은한 마음을 지니셨던 까닭은 첫 번째 기적과 다르다. "굶주린 채 집으로 헤쳐 보냈다가는 길에서 기진해 버리겠습니다. 더구나 먼데서 온 사람들도 있습니다"(8,3). 인간 — 여기서는 이방인을 가리킨다 — 은 예수를 만나지 않고서는 길을 제대로 걸을 수 없다. 인간은 홀로 자신의 길을 갈 수 없다. 그 길을 제대로 걷기 위해서는 더욱 강해져야 한다. 예수께서는 하느님의 아들로서 당신 자신을 우리에게 빵으로 내주심으로써, 생명을 향한 우리의 여정에 힘이 되어 주신다. 그분은 죽음으로 우리에게 그 빵을 나누어 주신다. 그 빵은 우리 모두에게 나누어진다. 그러므로 빵을 많게 하신 두 기적과 배를 타고 호수를 건너시는 세 장면은 모두 예수의 십자가 죽음을 상징하고 있다. 예수께서는 십자가에서 당신 자신을 우리를 위해 바치시어 우리를 다른 항구, 곧 하느님의 영광이 찬란하게 빛나는 항구로 인도하신다.

이방인 여인과 그 딸(7,24-30)

예수께서는 제자들과 함께 이방인 지역으로 가신다. 거기서 그분은 헤로데의 끈질긴 추적을 피하여 안전하게 계실 수 있었다. 그분은 제자들만 데리고 홀로 머물러 있고 싶었지만 숨어 계실 수는 없었다. 시로페니키아 출신의 한 부인이 예수의 소문을 듣고 예수를 찾아와 발치에 엎드린다. 그 부인이 딸한테서 악령을 쫓아내 주십사고 간청하자 예수께서는 아주 특별한 대답을 하신다. "먼저 자녀들이 배불리 먹어야지, 자녀들 빵을 집어 강아지들에게 던져 주는 것은 옳지 않습니다"(7,27). 주석가들은 예수께서 당신 구원의 권능을 유다인들에게 베풀려고 하셨지 이방인에게는 베풀려고 하시지 않았다고 해석한다. 하지만 이방인 여인의 간절한 청이 그분의 마음을 바꾸셨다는 것이다. 따라서 이 이야기는 예수께서 사람들에게서 무엇인가 배울 준비가 되어 있으며, 특히 한 여인을 통해서 이방인들에게도 구원의 복음이 필요함을 역설하고 있다는 것이다. 이런 식으로 이 이야기는 해석될 수 있다.

하지만 이 이야기는 어머니와 딸 사이의 관계를 지적하는 이야기로 해석할 수도 있다. 이런 관점에서 보면, 예수의 말씀은 어머니가 자신의 딸을 배불리 먹이지 않았다는 질책으로 해석된다. 어머니는 빵을 강아지들에게 던져 주었다는 것이다. 당시 사람에게 개는 각별한 애완동물이었다. 모두가 개를 좋아했지만, 특히 여인들은 딸보다 개를 더 챙길 만큼 각별한 존재로 여겼다. 당시 사람들은 아마 재산·명성·여가·직업 등을 자식보다도 더 중요하게 여겼을 것이다. 예수께서는 말씀을 통해 부인에게 딸과의 관계를 면밀히 살펴보라고 요구하신다. 곧 그녀가 정말 딸의 삶에 필요한 것을 주고 있는지, 그러니까 딸에게 정작 필요한 사랑과 다정함을 베풀고 있는지, 딸을 이해하려는 마음이 있는지를 살펴보기를 원하신다. 부인은 자기 딸이 어려움에 처해 있다는 것만 생각했다. 그래서 딸을 고쳐줄 수 있는 치유자를 찾으려 했다. 하지만 예수께서는 부인에게 자신의 태도를 자세히 살펴보라고 당부하신다. 그녀의 딸이 지니고 있는 문제점과 고통은 그 부인과 깊이 관련되어 있을 수 있다. 어머니가 딸에게 너무 권위적으로 행동했던 관계로 딸이 비정상적인 사람으로 자랄 수도 있다. 딸에 대한 어머니의 기대가 너무 커, 그것이 마치 악마처럼 딸의 마음속에 파고들어가 삶 전체를 방해할 수도 있다.

부인은 예수께서 옳게 지적하셨음을 인정한다. "예, 주님. 그렇지만 상 아래 강아지들도 아이들이 먹다가 떨어뜨린 부스러기는 먹습니다"(7,28). 부인은 모든 잘못이 자신에게 있음을 인정함으로써 예수의 말씀을 거절하지 않는다. 부인은 자기 딸이 배불리 먹지 못했음을 시인한다. 그러나 이로써 부인은 자신이 오직 딸만을 위해 존재해야 한다는 결론을 내리지 않는다. 딸이 배불리 먹고 난 다음에야 강아지들도 남은 부스러기로 자신의 욕구를 채울 수 있는 것이다. 그러니까 부인은 딸과 진지한 관계를 유지하면서도 자신의 길을 갈 수 있는 것이다. 부인은 자기 자신도 잘 돌봐야 한다. 그렇게 할 때 딸과 조화로운 관계를 맺을 수 있다. 그녀가 딸을 등한시하면 딸은 병 든다. 그러나 그녀가 딸만을 위해 모든 것을 다 행하고 오직 딸에게만 사랑을 넘치게 베푼다면, 이것은 자신에게도 좋지 않을 것이다. 부인이 자기 자신을 진지하게 받아들일 때만 딸의 욕구를 이해할 수 있고 딸을 진지하게 받아들일 수 있을 것이다. 예수께서는 부인으로 하여금 자신의 태도와 필요를 진지하게 살펴보게 하심으로써 어머니와 딸 사이의 비정상적인 관계를 해결하시고, 둘 다 온전한 존재가 될 여지를 마련하신다. 어머니와 딸이 이것을 배운다면, 귀신은 그들에게 힘을 발휘하지 못할 것이다.

　예수께서는 그녀의 믿음이 아니라 통찰에 감탄하신다. 어머니와 딸 사이의 이상적인 관계가 무엇인지를 부인이 깨달았기 때문에, 귀신은 딸에게서 떠났다. 어머니는 예수와 만남으로써 딸에 대한 자신의 기대와 계획과 걱정을 딸에게 내맡기고 딸을 자유롭게 놓아주는 일이 실제로 딸에게 도움이 된다는 것을 배웠다. 어머니의 기대와 계획은 딸의 생각과 감정을 혼란스럽게 하고, 결국 딸의 고유한 삶을 방해하는 귀신과 같았다. 집으로 간 어머니는 딸이 침대에 누워 있는 것을 보았다. 제 모습대로였다. 귀신에 들리지 않았다. 귀신은 그녀에게서 떠나갔다. 어머니의 새로운 통찰은 딸로 하여금 귀신의 온갖 현혹에서 벗어나 독자적 삶을 살 수 있게 한다.

귀먹은 반벙어리의 치유(7,31-37)

이어지는 치유도 예수께서는 이방인 지역이었던 데카폴리스에서 행하신다. 예수께서는 이방인 지역에서 이방인과 만나는 일에 조금도 불편을 느끼지 않으신다. 마르코에 따르면 세 가지 치유 기적은 이방인 지역에서 이방인들에게 일어난다. 사람들은 귀먹은 반벙어리를 예수께 데려와 손을 얹어 주십사고 간청한다. 그들은 예수께서 손을 얹으심으로써 치유하시는 그분의 권능이 환자에게 미치기를 기대한다. 만일 우리가 귀먹은 반벙어리를 대할 때 제일 먼저 느끼는 것은, 그가 다른 사람과 정상적인 관계를 맺지 못하고 있다는 사실이다. 다른 사람들의 목소리를 듣지 못하는 사람은, 그 목소리에 담겨 있는 감정들을 느낄 수가 없다. 그리고 말할 수 없는 사람은 이웃과 대화를 나누지 못하고, 마침내 새로운 통찰을 얻을 수도 이웃과 친분을 나눌 수도 없다. 그는 아마 말도 못하는 무능력자로 공인되었을 것이다. 그가 그렇게 말할 수 없었던 까닭은 아마 사람들이 그의 말에 늘 참견하고 교정을 요구했기 때문일 것이다. 그가 그렇게 귀먹었던 까닭은 너무 많은 거부와 비판을 받았기 때문일 것이다. 그가 지금까지 들었던 것이 자신에게 상처를 주었기 때문에, 그는 이제 더 이상 들으려 하지 않는다.

예수께서는 귀먹은 반벙어리를 여섯 단계에 걸쳐 치유하신다. 첫 단계로 예수께서는 그를 군중 가운데서 따로 데리고 나와 당신 곁에 있게 하신다. 치유에는 환자가 자신의 모습을 있는 그대로 의사에게 드러낼 수 있는 개인적 만남과 보호의 공간이 항상 필요하다. 예수께서는 환자를 특별히 따로 대하신다. 그분은 온전히 환자에게만 다가가시어 환자에게 신뢰를 불러일으키신다. 왜냐하면 귀먹은 반벙어리는 불신에 가득 차 있었기 때문이다. 그는 다른 사람이 자신에 대해 말하는 바를 알지 못한다. 계속되는 예수의 치유 단계들은 모두 이 신뢰를 다시 회복시 킴으로써 귀먹은 벙어리의 혀를 풀어 주고 귀를 열 어 주게 된다.

예수께서는 손가락을 환자의 두 귀에 넣는다. 예수의 이 행동은 내게 다양한 의미로 해석된다. 예수께서는 손가락을 환부에 넣어 환자가 자신의 상처와 화해하게 하신다. 예수께서 손가락으로 환자의 두 귀를 막아, 환자를 귀먹게 했던, 상처를 입히는 것들을 더 이상 듣지 못하게 하신다. 그리고 이제 자신의 소리, 마음속의 깊은 갈망, 영혼의 깊은 곳에서 울려 퍼지는 소리를 듣게 하신다. 귀는 아주 예민한 감각기관이다. 예수께서 손가락을 환자의 귀에 넣는 것은 환자의 예민한 부분을 만지는 것이다.

예수께서는 당신 행위를 통해 환자에게 이렇게 말씀하신다. "그대가 듣는 모든 말 가운데서 관계를 갈망하는 말을 식별하기 바란다. 누군가 그대를 꾸짖는 것은 그대와 올바른 관계를 맺고 싶어서다." 예수께서는 손가락을 환자의 두 귀에 고정시킴으로써 환자와 아주 긴밀한 관계를 맺으신다고 해석할 수도 있다. 그분은 환자의 두 귀에 손을 넣음으로써 환자와 새로운 관계를 형성하신다. 예수와 환자 사이의 사랑이 두터워지고, 마침내 환자의 폐쇄된 마음이 열린다.

그런 다음 예수께서는 환자의 혀에 침을 바르신다. 고대 세계에서 침은 치료제였다. 침은 모성애적인 것으로도 여겨졌다. 어머니는 상처를 입고 우는 아이에게 침을 발라주며 "이제 다 나았어"라고 말한다. 예수께서 벙어리 환자와 입을 맞추어 침이 묻게 하셨다고도 생각할 수 있다. 침은 아주 사적이고 내면적인 것이다. 입맞춤을 통해 사람은 다른 사람에게 자신의 가장 내면적인 것을 주는 것이다. 예수께서는 침으로 신뢰의 분위기를 조성하시고 환자의 굳어진 혀를 풀어 주신다. 침묵이란 관계의 부재로 말문을 닫을 수밖에 없거나, 아니면 신뢰가 무너져 모든 것을 오해할 수 있다는 불안 때문에 더 이상 말문이 막힌 상태다. 예수께서는 환자에게 침을 발라주심으로써 서로 말이 오가는 사랑의 관계를 만드신다. 이 관계에서는 신뢰가 쌓여 말을 오해할 수 있다는 불안이 사라진다.

그러고는 예수께서 "하늘을 우러러보셨다"(7,34). 이는 예수께서 환자를 치유하기 위해 하느님의 도움을 청한다는 상징적 표현이면서, 듣고 말하는 것이 무엇을 뜻하는지를 잘 드러내는 상징적 표현이기도 하다. 예수께서는 이런 행위로 사람들 사이의 진정한 대화에서 어떤 일이 일어나는지를 환자에게 암시하신다. 마음을 열어 주는 진실한 대화에는 하늘과 무한한 지평이 열린다는 것을 암시하신 것이다. 다른 사람의 말을 들을 때, 단지 그가 발설하는 말뿐만 아니라 그 목소리에서 그 사람의 존재를 듣고 내 속내를 그에게 말할 때, 나와 그 사이에는 공동체가 이루어진다. 그리고 이렇게 형성되는 진실한 공동체 안에서 우리 인간을 넘어서는 무엇인가가 현존하고 있음을 체험한다. 신적인 것, 초월적인 것이 우리의 삶에 개입한다. 아우구스티누스는 임종에 직면한 어머니 모니카와 나누었던 짧은 대화 중에 그 초월적인 것을 체험했다. 하늘이 자신과 어머니 사이에 열리어 하느님의 현존을 체험할 수 있었다고 한다.

이제 예수께서는 한숨을 쉬신다. 이 한숨을 통해 그분은 당신의 마음을 환자에게 여신다. 그분은 환자로 하여금 당신 마음속에 들어오게 하신다. 예수께서는 이 다섯 단계를 통해 환자에게 신뢰하는 마음을 불러일으키고, 말하고 듣는 참된 모습이 무엇인지를 보여 주신 다음 귀먹은 반벙어리에게 이렇게 말씀하신다. "열려라"(7,34). 나는 사람들이 이런 말을 하는 것을 자주 들었다. "내 안에는 말할 수 없는 무엇인가가 있다." 사람들은 그것이 무엇인지를 추측할 뿐이지, 그것에 관하여 직접 말하려는 용기를 내지 않는 것이다. 그렇기 때문에 그것이 언젠가 직접 언급될 것이라고 기대해서는 안 된다는 느낌마저 든다. 따라서 이제 그것에 대해 말하라는 것은 하나의 요청과 같다. 하지만 여기서 다음과 같은 외적인 자극이 필요하다. "이제 그대 안에 있는 것을 말하라. 용기를 내라. 그대는 이제 마음을 열어야 한다. 그대가 마음을 닫으면 결코 평화를 누릴 수 없을 것이다." 대화 가운데 뭔가를 암시만 하고 발설하기를 주저하는 사람에게는 마음을 열게 하는 명령이 필요하다. 예수의 명령은 즉시 효력이 있었다. "그의 귀가 열리고 굳은 혀도 풀려 말을 제대로 했다"(7,35). 예수께서 일깨워주신 신뢰로 환자는 두 귀를 열 수 있었고, 말 못하는 굳은 혀도 풀 수 있었다. 그는 이제 정상적인 관계를 맺는 능력을 얻게 되었다. 그는 이제 제대로 말할 수 있다. 함부로 말하는 것이 아니라, 서로를 결합시키고 생명을 보호하고 용기를 북돋는 말을 할 수 있다. 그리고 그는 제대로 들을 수 있다. 치유의 기적을 함께 체험한 사람들은 창조의 업적을 상기시키는 말로 하느님을 찬양한다. 창조의 업적에 관하여 성서는 하느님께서 창조하신 모든 것이 보시기에 좋았다고 말한다. "그분이 모든 일을 좋게 하셨구나. 저 귀머거리들은 듣게 하시고 저 벙어리들은 말을 하게 하셨구나"(7,37). 그러니까 예수께서는 세상의 한처음에 하느님께서 하셨던 일을 반복하고 계시다. 그분은 모든 것을 좋게 만드신다. 그분은 구약성서가 지혜에 관하여 진술한 내용을 실현하신다. 예수를 통해 하느님의 지혜는 우리의 세상 안에서 활동하신다. 지혜는 인간에게 가까이 다가와 벙어리의 입을 열어 주신다(지혜 10,21). 이방인들은 하느님께서 친히 예수 안에서 활동하신다고 깨닫는다. 이에 비해 유다인들은 깨닫지 못한 채 마음이 닫혀 있다. 세상 마지막 날에 모든 피조물을 쇄신하겠다고 유다인들에게 약속하셨던 바가 예수 안에서 실현되고 있다.

베싸이다의 맹인 치유(8,22-26)

마르코는 사람들이 한번 만져 주십사고 간청하며 데려온 맹인을 예수께서 어떻게 치유하셨는지 상세하게 전해준다. 이 맹인은 그 무엇으로도 감동을 받은 적이 없었기 때문에 사람들은 아마 치유를 의심했을 것이다. 그는 그 어떤 것에 대해서도 놀란 적이 없다. 치유의 많은 단계들은 귀먹은 반벙어리 치유의 그것과 거의 유사하다. 이런 치유 행위들은 그리스 기적 이야기들에서도 이미 널리 알려졌다. 마르코는 예수를 참된 의사라고 말한다. 그분의 구원 권능은 인간을 참된 존재로 해방하신다. 예수께 그리스나 히브리의 랍비 기적쟁이들이 외우는 마술적 주문 따위는 필요 없다. 그분은 당신의 자비와 어루만짐으로만 치유하신다.

예수께서는 맹인의 손을 잡으신다. 그분은 그에게 손을 내밀어 그와 관계를 맺으신다. 그러고는 그를 마을 밖으로 데리고 나가신다. 그가 맹인이었던 이유는 아마 그가 한번도 마을 어귀에 나가본 적이 없기 때문에, 그리고 자신의 좁은 사고틀에서 사로잡혀 있었기 때문이다(Fischedick 248). 하지만 예수께서는 마을 앞에서 환자와 단둘이 있다. 여기서 예수께서는 개인의 보호 공간을 확보하신다. 그분은 사람들에게 치유 장면을 드러내보이지 않으신다. 치유 기적이 일어날 수 있는 특별한 분위기, 외딴 곳이 필요하다. 앞을 못 본다는 것은, 종종 세상을 볼 수 없는 상태를 뜻하기도 한다. 왜냐하면 그에게는 세상이 매우 적대적이고 위협적으로 보이기 때문이다. 세상이 그렇게 보이는 사람은, 그곳에서 일어나는 일을 바라보는 것을 도저히 참을 수 없기 때문에 눈을 감는다. 이런 맹인이 눈을 뜰 수 있기 위해서는 신뢰와 친밀의 공간이 필요하다.

이제 예수께서는 환자의 눈에 침을 바르고 손을 얹는다. 그분은 여기서 환자에게 치유의 기름을 바르는 의사처럼 행동한다. 당신의 자비와 사랑을 몸으로 표현하신다. 그분은 환자의 눈에 침을 바르신다. 이것은 앞서 언급했듯이, 삶에 큰 충격을 받은 맹인이 신뢰를 가질 수 있도록 도와주는 모성애적인 행동이다. 예수께서는 맹인의 눈에 손을 얹어 침이 환자의 눈에 들어가게 하신다. 이로써 예수와 환자 사이에 일종의 교환이 이루어진다. 예수께서는 손을 환자의 감긴 눈에 몇 시간 동안 얹었다가 환자에게 물으신다. "무엇이 보입니까?"(8,23). 환자는 "사람들이 보입니다. 나무 같은 것이 걸어다니는 것을 알아보겠습니다"(8,24) 하고 대답한다. 그러니까 아직 덜 치유된 것이다. 그는 무엇인가를 보긴 하지만 아직 또렷하지 않다. 사람의 얼굴을 아직 볼 수 없다. 걸어다닌다는 것만 알아볼 뿐이다. 그는 사람을 나무와 비교한다. 사람들이 나무처럼 서 있지만 또렷한 모습은 아니다. 따라서 그는 사람의 얼굴인 인격을 보지 못하고 있다. 외적인 모습만 본다.

예수께서는 다시 환자의 눈에 손을 얹으신다. 당신 구원의 힘을 환자의 눈에 미치게 하신다. 이제 환자는 또렷이 보게 된다. 성서 원문인 그리스어가 표현하듯이, 그의 눈이 나왔다. 예수께서 그의 눈에 손을 얹어 그가 똑똑히 보게 되었다는 것은 역설로 들린다. 이를 통해 성서는 내적인 바라봄을 암시한다. 동시에 마르코는, 예수께서 두 번째 손을 얹으심으로써 환자가 스스로 일어나, 다른 사람들이 마련해

준 안경으로가 아니라, 자신의 눈으로 세상을 바라볼 수 있게 되었다고 말한다. "눈이 성해져서 모든 것을 환히 보게 되었다"(8,25). 성서 원문에 따르면 "멀리, 태양처럼 밝게" 보게 되었다는 뜻이다. 맹인은 이제 모든 것을 제대로 본다. 그의 눈은 모든 것을 두루 비추는 태양처럼 환해진다. 예수의 빛으로 그에게는 모든 것이 명확해지고, 그는 모든 것을 이해한다. 마르코는 아주 의식적으로 이 장면을 예수의 수난 앞에 배치했다. 예수의 고통을 이해하기 위해서 우리에게는 신앙의 눈이 필요하다는 것이다. 고통 가운데서도 하느님의 아들을 깨달을 수 있는 태양의 눈이 필요하다는 것이다. 이것은 우리 자신의 고통에서도 마찬가지이다. 그 고통 속에서 치유하고 해방하시는 하느님의 현존을 체험하기 위해서는 태양의 빛이 요구된다.

인간이 자기 두 눈으로 모든 것을 명확하게 보기까지는 많은 시간이 필요하다. 사람은 처음에 모든 것을 윤곽 정도만 보게 된다. 나는 이런 처지를 잘 알고 있다. 나는 모든 것을 명확하게 보기를 원치 않는다. 나는 대충 둘러보며 걸어다니는 사람들을 본다. 그러나 그들의 얼굴은 보지 않는다. 그들과의 만남을 피하는 것이다. 그들과의 만남을 원하지 않기 때문에, 그들과 논쟁에 휘말리고 싶지 않기 때문에,

나는 그들을 깊이 바라보지 않는다. 그들을 깊이 바라보고 그들과 만남을 가진다면, 그들은 나의 삶을 변화시킬 것이다. 맹인이 보기 시작한 첫 시선은 윤곽 정도만 볼 뿐이지 만남에까지는 이르지 않는다. 하지만 만나기 위해서 사람의 얼굴을 바라볼 준비가 되어 있을 때 제대로 바라본다고 말할 수 있다. 그럴 때 만남은 우리를 변화시킬 것이다. 나 자신을 변화시키기를 원치 않을 때 나는 다른 사람을 대충 바라보게 된다. 그러니까 나는 나 자신의 길을 걸을 수 있는 정도만 보고 있는 것이다. 하지만 나는 다른 사람들에게 정말 관심을 두지 않는다. 그러나 내가 사람을 명확하게 바라볼 때만 그를 만날 수 있고 그를 온당하게 대하는 것이다.

마르코는 맹인 치유 이야기를 예수의 마지막 갈릴래아 활동으로 보도한다. 이제 예수께서는 예루살렘으로 올라가신다. 그분은 이어지는 세 장에서 예루살렘에서 있을 당신의 수난과 죽음을 세 번 예고하신다. 하지만 그분을 동행하던 제자들은 맹인처럼 행동한다. 예수께서는 예루살렘에 입성하시기 전에 다시 한번 맹인을 치유하신다. 치유받은 맹인은 예수를 추종한다. 그러니까 예루실렘으로 올라가던 예수께서는 맹인을 치유하시는 두 사건을 통해 제자들에게 가르침을 주신다. 그분은 제자들의 눈이 열려 십자가를 통해 부활에 이르는 당신의 신비스런 여정을 깨닫기를 바라신다. 그리고 제자들이 자신들의 여정도 그와 다르지 않다는 것을 깨닫기를 바라신다. 이런 "샌드위치 구성"을 통해 마르코는 예수께서 제자들을 어떤 식으로 가르치셨는지 보여 준다. 곧 말씀을 통해서 실재와 진리에 눈 뜨게 된다. 이것은 모든 성서 묵상의 방법이기도 하다. 우리는 예수의 말씀을 깊이 묵상함으로써, 우리 눈이 열려 하느님과 인간존재의 신비를 깨닫게 된다.

제자들의 눈은 예수께서 부활하실 때까지 닫혀져 있었다. 예수께서 죽으실 때 이방인 백인대장은 하느님의 아들 예수를 보고 깨달을 것이다. 나중에 여인들은 예수의 무덤에서 천사를 만나 뵙게 될 것이다. 이 여인들은 제자들에게 갈릴래아에서 주님을 뵙게 될 것이라고 알린다. 따라서 맹인 치유 이야기는 단계적으로 우리의 눈을 열도록 초대하고 있는 셈이다. 우리는 점차적으로 예수의 죽음과 부활의 신비를 깊이 파악하고, 열린 눈으로 예수께서 우리에게 행하신 것을 깨달아야 한다는 것이다. 첫 번째 치유 이야기는, 예수와 함께하는 우리 신앙의 여정 중에 예수께서 도대체 어떤 분이신지를 이해하도록 요구한다. 저만치 앞서 가면서 우리를 생명의 신비로 인도하시던 예수께서는 우리를 위해 죽으시고,

당신의 죽음으로 어둠의 권세를 물리치셨다. 그분은 이제 부활하신 분으로서 우리의 여정에 동참하신다.

세 번에 걸친 수난 예고 (8,31-33; 9,30-32; 10,32-34)

마르코 복음의 둘째 부분(8,27-10,52)은 예수께서 예루살렘으로 올라가시는 장면을 묘사하고 있다. 그분은 이 부분에서 위대한 과업을 성취하는 구원자가 아니라, 제자를 가르치는 스승으로 묘사된다. 그분은 제자들에게 당신의 운명과 인격의 신비에 대해 가르치고, 추종의 길에 대해서도 가르침을 주신다. 이 둘째 부분 전체는 세 번에 걸친 그분의 수난과 부활 예고로 이루어졌다. 이 세 번의 예고에서 예수에게 중요한 것은 우선적으로 당신 인격의 신비이며, 다른 한편으로는 그리스도인 실존의 올바른 이해다.

마르코는 첫 번째 수난 예고를 베드로의 신앙고백(8,27-30)과 연결시킨다. 그는 이를 통해 예수를 메시아로 이해해야 한다고 말하고 싶어한다. 하느님께서는 권위있는 말씀으로 당신에 대해 가르치고 인간을 악마의 세력에서 해방하도록 예수를 이 세상에 보내셨다. 그런데 그 예수께서 이제 악마의 세력에 넘어가 죽으실 것이다. 하지만 바로 그 죽음을 통해 그분은 악을 근본적으로 뿌리뽑으신다. 세 번에 걸친 수난 예고를 통해 마르코는 권위있는 예수의 가르침을 어떻게 이해해야 하는지를 전개하고 있다. 곧 권능은 점점 무능으로 사라지지만, 바로 이것을 통해 권능으로 드러난다는 것이다. 예수께서는 "마땅히 많은 고난을"(8,31) 겪으셔야 한다. 우리는 이를 이사야 53장 4절의 관점에서 해석할 수 있다. 그분은 모든 것을 짊어지셔야 한다. 그분이 인간을 대신하여 인간의 운명을 짊어지고, 이를 통해 인간을 구원하는 것은 바로 하느님의 뜻이다. 그런 다음 마르코는 예수의 죽음에 책임이 있는 무리들을 열거한다. 그분은 "원로와 대제관과 율사들에게"(8,31) 버림받을 것이다. 원로는 고위 평신도를 대변한다. 대제관은 유다인 제관 계급 전체를 대리한다. 그리고 율사들은 유다인 스승들이다. 바리사이들은 여기서 언급되지 않고 있다. 바리사이들은 종종 여러 논쟁에서 예수의 적수로 등장하지만, 예수의 입장이 분명하게 드러나도록 돕고 있는 대화의 상대자이다. 그러니까 그들은 예수를 없애려는 적대자는 아니다. 이상의 세 무리들에 의해 예수께서는 버림받는다. "버림받다"는 성서 원문에 따라 "멸시받다"라는 뉘앙스를 지니고 있다. 이 뉘앙스는 이사야 53장 4절에 언급된 하느님 종의 고난을 상기시킨다. 예수께서 마땅히 많은 고난을 겪으셔야 한다는 것은 하느님의 구원 계획에 따른 일이라는 뜻이다. 그분이 멸시를 받는 것은 인간이 그분에게 씌운 운명을 묘사하고 있다(Grundmann 219 참조). 예수께서는 "언젠가 하느님의 종이 나타나 우리가 앓을 병을 앓아 주고, 우리가 받을 고통을 겪어 주고, 그 몸에 상처를 입음으로 우리의 병을 고쳐 주리라"(이사 53,1-12 참조)는 유다 백성의 갈망을 실현하신다.

다른 두 수난 예고는 거의 같은 단어로 첫 번째 수난 예고를 반복한다. 그럼에도 불구하고 그때마다 새롭게 강조하는 내용이 있다. 마르코 9장 31절에서 예수께서는 "인자는 사람들 손에 넘겨질 것"이라고 말씀하신다. "사람의 아들", "사람들 손", 이는 언어유희가 가미된 수수께끼 같은 말씀이다. 그 내용은 하느님께서 친히 사람의 아들을 넘겨주시고 내주신다는 점이다. 예수께서는 하느님의 수수께끼에 내맡겨지신다. 하느님의 권능으로 인간을 위해 활동하셨던 그분께서 인간의 손에 넘어가신다. 여기서 하느님의 신비를 엿볼 수 있다. 이 신비는 무엇보다도 우리가 헤아릴 수 없는 신비이며 우리의 하느님상을 파괴한다. 복음이 제시하는 하느님상은 이렇다: 하느님께서는 인간의 구원을 바라시니, 기꺼이 내어주신 당신 아들을 십자가에 높이 들어올리시고 당신 오른편에 앉히시는 분이다.

세 번째 수난 예고는 아주 상세히 언급된다. 여기서 마르코는 예수께서 말씀하시는 상황을 미리 언급한다. 예수께서는 예루살렘으로 가는 중이었고, 굳은 마음으로 당신의 수난을 마주하신다. "예수께서 앞장을 서시니 사람들은 놀라고 뒤따르던 이들은 두려워했다"(10,32). "놀라다"로 번역된 그리스어는 "무서워하다"는 뜻도 지니고 있다. 예루살렘으로 가시는 예수의 모습은 동행하는 사람들에게 무서움과 두려움을 불러일으킨다. 여기서 사람들은 자신들의 인간상과 하느님상이 완전히 무너지고 있다는 것을 느낀다. 그런 다음 예수께서는 당신에게 닥칠 일을 다시금 말씀하신다. 앞의 두 수난 예고에서 그분께서 누구의 손에 넘어가게 될 것인지 분명하게 언급되었다. 그분은 곧 대제관과 율사들의 손에 넘어갈 것이며, 이들은 그분을 로마인들에게 넘겨줄 것이다. 이방인인 로마인들은 "인자를 조롱하고 침을 뱉으며 채찍질을 한 다음 죽일 것"(10,34)이다. 이는 두 번째 수난 예고에서 언급된 "모욕"을 구체적으로 나열하고 있는 셈이다. 한 인간에 대한 가장 극심한 모욕은 그를 웃음거리로 만드는 일일 것이다. 아무도 이를 제지할 수 없다. 우리가 어떤 사람을 조롱하면 우리는 그의 육신뿐 아니라 영혼에도 상처를 입힌다. 그리고 이런 상처는 상당히 깊어서 오래간다. 어떤 사람에게 침을 뱉는다는 것은 그를 가장 하찮게 취급하고, 그에게서 인간의 존엄을 빼앗는다는 것을 뜻한다. 채찍질은 고대에서 항상 십자가에 못박는 일과 결합되어 있었다. 그래서 "채찍질을 한 다음 죽일 것"이라는 성서의 표현은 십자가형을 뜻하고 있다. 이 죽음은 로마에서 가장 고통스럽고 모욕적인 형벌이었다. 하지만 예수께서는 십자가에서 당신 존엄성과 더불어 완전히 패배하시는 것이 아니다. 그분은 죽음 속에 머물지 않고, 사흘 만에 부활하신다.

세 번에 걸친 예수의 수난 예고에 대해 제자들이 그때마다 보인 반응들은 매우 흥미롭다. 첫 번째 예고에서 베드로는 예수께 심한 책망을 한다. 그는 수난의 길을 가시는 예수를 제지하려고 한다. 마르코는 베드로의 반응뿐 아니라 예수의 반응도 "호통치다·책망하다·비난하다·모욕하다·욕하다"는 뜻의 "에피티만"*epitiman*으로 표현한다. 베드로는 인간적 생각에 사로잡혀 있다. 그는 하느님의 뜻은 안중에도 없다. 그러기에 예수께서는 그를 사탄이라 부르며 "물러가라"(8,33)고 꾸짖으신다. 그런 다음 예수께서는 당신 제자들에게, 그리고 당신을 따르려는 모든 사람에게 진정한 추종이 어떤 것인지를 가르쳐 주신다. "누구든지 내 뒤를 따르려면 자기 자신을 버리고 제 십자가를 지고 따라야 합니다. 목숨을 구하려는 사람은 잃을 것이요, 나와 복음을 위해 목숨을 잃는 사람은 구할 것입니다"(8,34-35). 주석학자들은 예수의 이 말씀을 제각기 해석했다. 그 중에서 제일 내 마음에 드는 것은, 자기포기와 신앙고백은 서로 깊이 관련되어 있다는 해석이다. 자기를 버린다는 것은 자신의 관심사에 거리를 둔다는 뜻이고, 자신을 인정하는 대신 자기 생각과는 완전히 다른 하느님을 믿는다는 것이다. 우리는 많은 설교가들에게서, 그들이 하느님에 관해 많은 이야기를 하고 있지만 실로 자기 자신만을 드러내고 있다는 인상을 받는다. 그들은 자기 자신의 모습을 드러내기 위해 하느님을 악용한다. 스스로 만든 인간상을 포기하는 사람만이, 자기 자신만을 맴도는 자아를 물리치는 사람만이 비로소 올곧은 마음으로 예수의 하느님께 신앙을 고백할 수 있다. 루돌프 페쉬Rudolf Pesch는 십자가를 에제키엘 9장 4-6절의 배경으로 해석하여 고백의 표지로 보는 딘클러E. Dinkler의 주장에 동의한다. 에제키엘은 야훼께 신앙을 고백하는 사람들에게는 이마에 표가 날 것이라고 말한다. 십자가는 신앙고백의 표지이다. 예수를 추종하려는 사람은 죽은 사람들을 살리시는 하느님께 철저한 신앙을 고백해야 한다. 하지만 십자가는 동시에 보호의 표지이다. 이마에 표가 있는 사람은 죽음에서 보호를 받는다. 따라서 초대교회는 십자가를 예수 그리스도와, 이분이 선포하셨던 하느님께 대한 무조건적인 신앙고백의 표지일 뿐만 아니라 보호의 표지로 이해했다.

이는 이어지는 말씀을 해석하고 있다. 하느님께 신앙을 고백하는 사람은 목숨을 얻을 것이다. 하지만 자기 자신, 곧 자신의 욕구들뿐만 아니라 자기 자신과 자기 목숨에 대한 착각들을 우선시하는 사람은 자기 목숨을 잃을 것이다. 따라서 예수께서는 당신 제자들의 추종의 길을 십자가로부터 해석하신다. 우리가 우리 자신과 우리가 만든 인간상과 하느님상을 고수할 것인지, 아니면 우리의 피상적인 삶을 버릴 때 우리에게 참생명을 주시는 예수 그리스도의 하느님께 의존할 것인지는 십자가에서 결정된다.

두 번째 수난 예고 후에 제자들은 "자기네 가운데 누가 제일 큰 사람이냐"(9,34)를 두고 서로 다툰다. 사람들의 손에 넘겨질 것이라는 예수 말씀을 오해할 여지는 그리 크지 않다. 예수께서는 자신을 내주시는데, 제자들은 하느님 나라에서 되도록 많은 것을 누리려 한다. 예수께서는 자신을 낮추시는데, 제자들은 큰 사람 대접을 받으려 한다. 첫 번째 수난 예고 후에 마르코가 주송에 대한 올바른 이해와 예수의 하느님께 대한 신앙고백을 문제시하고 있다면, 두 번째 수난 예고 후에는 예수의 공동체인 교회 안에서 함께하는 삶에 대해 거론하고 있다. 예수의 죽음과 부활에 대한 올바른 이해는 복잡하게 얽혀 있던 제자들의 관계를 해결한다. 제자들은 그들 가운데 누가 더 중요하고 위대한 인물인가 하는 문제로 다투지 말아야 한다. 중요한 것은 서열이나 위계질서가 아니라 봉사이기 때문이다. 예수께서는 한 어린이를 데려다 그들 가운데 세우시고 껴안으며 이렇게 시위하신다. "내 이름으로 이런 어린이 가운데 하나를 받아들이는 사람은 나를 받아들이는 사람이요, 나를 받아들이는 사람은 나를 받아들이는 것이 아니라 나를 보내신 분을 받아들이는 사람입니다"(9,37). 제자들은 자신을 위해 존재하는 것이 아니다. 그들은 서로 봉사해야 한다. 그리고 특히 "가난하고 도움이 필요한 어린아이들에게"(Pesch 2,107) 봉사해야 한다. 아마 예수께서는 여기서 "보호를 받지 못하는 어린이들은 집으로 받아들이고" "고아들과 가난한 어린이들"(Pesch 2,106)을 염두에 두고 계실 것이다.

교회가 어떤 존재인지는 십자가에서 결정된다. 교회는 가난한 사람과 도움을 필요로 하는 사람에게 기꺼이 봉사해야 한다. 자신의 법에 의존하여 자신을 정당화해서는 안 된다. 교회는 교회 밖에 있는 사람들에게 개방되어 있어야 하고, 예수의 이름으로 악마를 쫓아내야 한다(9,38-41 참조). 마르코에게 온 세상을 위해 죽으신 예수님의 십자가는 교회가 모든 사람에게 보여 주어야 하는 관용을 의미한다. 곧 교회는 구원의 신비를 홀로 점유하고 누리는 것이 아니라, 다른 사람들도 예수와 하느님의 신비를 이해하고, 그렇게 될 수 있도록 증언해야 한다. 십자가는 교회의 고루한 편협함을 부수고, 하느님의 사랑이 모든 사람에게 다다르도록 교회의 마음을 활짝 열고 있다.

어린아이에 대한 말씀은 다른 식으로도 이해할 수 있다: 우리는 예수를 어린아이처럼 받아들여야 한다. 우리의 위대함을 드러내기 위해 예수를 악용하는 것이 아니라 어린아이 앞에서처럼 그분께 무릎을 꿇고 그분을 껴안아야 한다. 예수의 신비를 이해하고 그 자체로 받아들이기 위해서는 다정한 마음이 요구된다. 우리가 한 어린아이를 합당하게 대하기 위해서는 먼저 우리 안에 있는 어린이를 만나야 한다. 따라서 예수를 만나기 위해서는 사랑에 개방되어 있고, 새로운 것에 대해 놀랄 수 있는 아이의 마음이 필요하다. 우리는 이 세상 안에서 예수의 복음을 자랑할 수 있다. 성공과 경쟁의 세상에서 아직 순수한 사랑을 믿기 때문에, 권력자들에게 미림받고 실패의 길을 가신 예수께 모든 것을 걸기 때문에, 많은 사람들은 우리를 어린아이처럼 취급한다.

세 번째 수난 예고 다음에는 제베대오의 두 아들이 자리다툼을 하는 장면이 이어진다. 여기서도 마르코는 제자들이 예루살렘으로 향하는 예수의 길, 그분의 죽음과 부활을 근본적으로 이해하지 못하고 있음을 지적한다. 제자들의 근본 관심사는 자기 자신이다. 곧 자신들의 길에 대한 세속적 생각(8,32 참조), 공동체 내에서 가장 "큰 사람"(9,34)이 되는 것, 다른 사람보다 높은 자리를 차지하는 것(10,37 참조) 등이 그들의 관심사다. 그들은 늘 자신의 욕구, 자신의 목숨, 위대함, 권세를 추구한다. 그러나 십자가는 이와 정반대의 것을 요구한다. 목숨의 포기, 하느님께 자신을 맡기기, 자기를 버리고 하느님의 뜻에 온전히 의존하기를 요구한다. 이런 요구를 실천할 때 비로소 참생명을 누린다.

간질병자 소년의 치유(9,14-29)

예수께서는 발작을 일으키며 거꾸러지는 소년을 고쳐주신다. 언뜻 보기에 그 소년은 전형적인 간질병 증세를 보인다. 하지만 우리가 이 치유 이야기를 이런 식으로만 다룬다면, 아주 소박하게 이해하는 것이다. 마르코가 묘사하는 질병 상태를 우리 자신의 내적 상태로 받아들이고, 소년의 치유를 아버지와 아들 사이의 전도된 관계에 대한 치유라고 본다면, 이 이야기는 매우 흥미롭다.

소년은 벙어리 영에 사로잡힌다. 이 영은 소년을 종종 거꾸러뜨리고 입에 거품을 내뿜게 하고 이를 갈게 한다. 한마디로 소년은 입에 거품을 내뿜고 격노한다. 이는 매우 강한 분노를 지닌 사람에게서 자주 볼 수 있는 현상이다. 그는 자신의 이런 성향을 적당히 조절하여 외부로 드러내지 않았던 것이다. 그는 이런 성향에 대해서도 말할 수 없었다. 아마 아버지와 아들이 서로 신뢰하지 못하는 관계로, 아들이 자신의 공격적 성향을 이야기하거나 아버지에게 표현할 수 있는 처지가 아니었을 것이다. 이 때문에 아들은 공격적 성향을 억누른다. 이제 그는 그것을 억누를 길이 없어 몸으로 드러낸다. 그는 자기 자신만이 아니라 아버지를 상대로 공격적 성향을 마구 표현한다. 거꾸러지는 것은 결국 아버지를 향한 공격적 행위이다. 그는 말없이 행동으로 아버지에게 자기 자신이 부서지고 이가 부딪치는 소리를 들려주고 싶었다.

아버지는 아들을 치유해 달라고 제자들에게 데려왔다. 하지만 제자들은 치유하지 못했다. 그들이 아직도 예수께 온전히 의지하지 않았던 것이다. 예수께서는 실망하신다. 그분께서 가르쳤던 모든 것이 열매 맺지 못하는 것처럼 보였기 때문이다. 그래서 그분은 소년을 직접 보고 고쳐주시기 위해서 제자들에게 아이를 데려오게 하신다. 소년을 사로잡은 영이 예수를 보자마자 "아이에게 발작을 일으켜, 아이가 땅에 넘어져 거품을 내뿜으며 뒹굴었다"(9,20). 영은 예수의 권능을 분명하게 감지했던 것이다. 그래서 영은 아이를 뒹굴게 했던 것이다. 예수께서는 땅에 뒹구는 소년을 우선 안전하게 해야 한다고 생각하는 제자들처럼 경솔하게 행동하시지 않는다. 그분은 매우 적절하게 과거를 더듬으신다. 그분은 아버지에게 아이가 언제부터 그랬느냐고 물으신다. 아버지는 예수께 아들의 병력病歷을 모두 알리고, 아들과 함께 수많은 고통을 겪었다고 말한다. 영은 어릴 적부터 아들을 불이나 물 속에 던졌다는 것이다. 불은 정열과 성욕을 상징한다. 아들은 자신의 공격적 성향만이 아니라 성욕도 억압했던 것이다. 그래서 이런 욕구들은 그를 거꾸러뜨리고 폭력을 마구 행사하게 하는 귀신처럼 작용한다. 물은 무의식을 상징한다. 아들은 자신의 공격적 성향이나 성욕에 관해 말할 수 없었기 때문에, 그의 무의식은 공격적이고 성적 충동에 가득 찬다. 따라서 그는 무의식의 세계를 삶의 쇄신을 위한 근원으로 체험할 수 없었고 도리어 삶을 위협하는 거대한 홍수로 여겼다.

병력病歷을 언급한 후 아버지는 예수께 간청한다. "하실 수 있다면 저희를 측은히 여겨 도와주십시오" (9,22). 이 간청으로 아버지는 아들에 대한 자신의 절망적이고도 심각한 고통을 표현한다. 그리고 예수께서 아들을 고쳐주실 수 있다는 것을 신뢰한다. 그러나 예수께서는 아버지에게 "'할 수 있다면'이라고요? 믿는 사람에게는 모든 것이 가능합니다"(9,23) 하고 말씀하신다. 아들이 병에 걸린 것은 아들 자신의 문제만이 아니다. 이것은 그 어디선가에서 날아왔던 귀신의 일만이 아니다. 이것은 아버지의 불신과도 관련되어 있다. 아버지는 아들을 믿지 않았다. 그렇기 때문에 아들은 자기 자신에 대해 터놓고 이야기할 수 없었다. 그는 아버지에게 자기 자신을 있는 그대로 보여 줄 수 없었다. 그는 많은 부분을 숨겨야 했다. 그가 숨긴 모든 것은 질병을 통해 다시 드러난다. 이것은 그가 발작을 일으키고 땅에 뒹구는 모습을 통해 나타난다. 이는 그의 공격적 성향과 성욕의 외적 분출이다.

아버지는 예수께서 베풀어 주시는 치유 행위에 자신을 내맡긴다. 그는 자신이 아들을 신뢰하지 않았음을 인정한다. 그는 신뢰하기를 바랐지만 쉽게 신뢰할 수 없었다. 그래서 그는 예수께 "믿습니다. 제 믿음이 모자라니 도와주십시오"(9,24) 하고 간청한다.

예수의 도움이 필요하다는 것을 인정한 셈이다. 예수께서는 그가 아들을 신뢰할 수 있도록 도와주셔야 한다. 그는 예수의 도움을 온 마음으로 원한다. 하지만 그는 일이 어떻게 진행될지 모른다. 그러나 아들과의 관계를 다시 회복하는 데는 그런 깨달음만으로도 충분하다.

이제 예수께서는 아들에게 향하신다. 왜냐하면 아버지에게 아들의 상태에 대한 책임을 묻는 것이 중요하지 않기 때문이다. 아들은 자신의 역할을 잘 참아냈다. 그는 자신의 역할을 흡족하게 생각한다. 왜냐하면 그는 그런 역할을 통해 아버지를 마구 다루었기 때문이다. 그는 아버지를 무력하게 만든다. 그래서 예수께서는 아들과 그를 사로잡은 영에게 권능에 가득 찬 모습으로 나타나신다. "벙어리요 귀머거리인 영아, 내가 명한다. 아이한테서 나가고 다시는 들어가지 마라"(9,25). 아들은 지금까지 당연하게 받아들였던 삶의 태도를 멀리해야 한다. 그는 아버지를 마구 다루었던 역할을 버려야 한다. 하지만 이것은 고통스러운 일이다. 아들은 땅에 뒹굴었던 고통을 겪은 만큼 아버지를 마구 대하는 데서 쾌락을 누렸기 때문이다. 하지만 이제 그는 그런 모습을 멀리해야 한다. 마르코는 이런 내적 단념을 힘든 싸움으로 묘사한다. 영은 소년에게 심한 경련을 일으켜 놓고 소리를 지르며 나간다. 아들은 죽은 것처럼 누워 있다. 그는 자신의 옛 모습을 버려야 한다. 그리고 그는 자신의 분노와 고통 속에 깃든 모든 것을 숨김없이 말해야 한다. 그가 그렇게 말하면, 그 모든 것을 쫓아낼 수 있다. 예수께서는 소년의 손을 잡아 일으키신다. 그분은 그의 부활을 축하하신다. 그는 이제 자신의 발로 서게 된다.

마르코는 예수께서 제자들의 눈앞에서 변모하셨다는 장면과 연결지어 간질병자 소년의 치유 이야기를 전해준다. 변모 사건에서 예수께서는 당신의 본질적 모습을 보여 주신다. 그분이 누구신지를 엿볼 수 있는 사건이다. 그분은 하느님의 영광을 비추는 하느님의 사랑받는 아들이시다. 예수의 참된 본질에 대한 이런 집약적 체험을 보도한 직후 마르코는 간질병자 소년을 소개한다. 그는 아버지와의 관계에서 고통을 겪고, 간질병의 발작으로 자신의 아름다움과 존엄이 손상되었다. 예수께서는 그의 존엄을 회복해 주시어 그에게서도 하느님의 영광이 빛나게 하신다. 게다가 예수께서는 소년이 육신적 아버지의 아들만이 아니라 하느님의 사랑받는 아들임을 알려 주신다. 만일 인간이 무제불능의 관계에 연루되어 있을 때, 그는 악마의 세력에 놓여 있는 셈이다. 제자들은 악마를 쫓아낼 수 없었다. 예수께서는 그들에게 "이런 따위는 기도가 아니면 무슨 수로도 떠나게 할 수 없습니다"(9,29) 하고 말씀하신다. 우리가 기도 가운데 하느님의 사랑받는 아들딸임을 체험할 때, 우리는 악마의 결속에서 자유롭게 풀려나 우리 안에서도 하느님의 영광이 빛날 것이다.

결혼의 의미(10, 2-12)

마르코 복음 10장에서 예수께서는 제자들에게 근본적인 것들을 가르쳐 주신다. 먼저 결혼과 이혼과 어린이를 주제로 거론하시고(10,2-16 참조), 이어 부와 지배와 봉사를 주제로 다루신다. 이런 주제들에서 관건은 그리스도인으로서 우리가 어떻게, 어떤 내적 태도로 예수를 추종해야 하느냐는 물음이다.

이혼에 관한 구절은 특히 가톨릭 교회 내에서 결혼한 많은 부부에게 불안감을 주었다. 이혼한 사람들과 재혼한 사람들은 이 구절로 인해 많은 고통을 겪는다. 가톨릭 교회는 종종 이 구절을 이들이 하느님과 완전히 단절되었다고 느끼게끔 해석했던 것이다. 예수의 말씀과 관련해 대부분의 신자들은 이들에게 단호하게 이야기한 것이다. 하지만 우리는 이제부터 결혼과 이혼에 관한 예수의 말씀이 정작 무엇을 의도하고 있는지 살펴보려고 한다.

바리사이들은 예수를 떠보려고 질문을 한다. 그들의 질문은 그래서 무의미하다. 이스라엘에서는 남편이 아내를 버리는 일을 문제삼지 않았다. 논쟁이 되었다면, 그것은 충분한 이혼 사유가 되는 아내의 부정이나 음식을 태우는 실수 정도였다. 마태오 복음에서 바리사이들이 "어떤 사유로든지 아내를 버려도 됩니까?"(마태 19,3) 하고 물었다면, 마르코에서는 이혼의 가능성 자체를 문제삼고 있다. 예수께서는 그들의 물음에 대답하지 않으신다. 그분은 질문을 제기하는 그들의 속임수에 말려들지 않고, 오히려 그들에게 반문하신다. "모세가 어떻게 명했습니까?"(10,3). 그리고 그들에게 성서와 계명을 상기시킨다. 바리사이들은 두 번에 걸쳐 이혼 허락에 대해 언급한다. 그들은 가능한 한 자신들에게 유리한 쪽으로 말한다. 그들은 결혼의 상황을 생각하는 것이 아니라, 이혼 허락을 기정 사실화한다. 이혼에 대해 문제를 제기하기보다는 자기 합리화의 근거를 찾기에만 급급하다. 예수께서는 이혼의 허용에 대해서가 아니라 계명에 관하여 말씀하신다. 하느님의 뜻이 그분에게는 관건이다. 그분은 계명의 차원보다 더 깊은 차원에 있는 하느님의 뜻을 밝히신다.

예수께서는 혼인한 남편과 아내에 대한 하느님의 근본적인 뜻을 물으신다. 인간의 본질에 합당한 것이 그분에게는 중요하다. 무엇이 정말 인간에게 좋은가? 남편과 아내가 서로 한 몸이 되게 하는 것은 무엇인가?

그분은 남자와 여자에 대한 하느님의 본래적 계획을 밝히신다. "그러나 하느님은 태초부터 사람을 남자와 여자로 만드셨습니다. 그래서 사람이 아버지와 어머니를 떠나서 아내와 합하여 둘이 한 몸이 됩니다. 이제 둘이 아니라 한 몸입니다. 하느님이 짝지어 주신 것을 사람이 갈라 놓아서는 안 됩니다"(10,6-9). 예수께서는 여기서 계명을 세우지 않으신다. 그분은 하느님께서 남자와 여자를 당신과 같은 모습으로서 서로를 위해 존재하도록 창조하셨다고 말씀하신다. 창조의 목적은 남자와 여자가 서로 하나되는 데 있다. 남자와 여자가 혼인의 사랑으로 한 분이신 하느님의 존재에 참여하는 일은 인간에게 베풀어 주신 하느님의 선물이다. 그들은 육체적 하나됨에서 그들이 하느님과 하나라는 창조 전체의 목적을 체험한다. 하지만 육체적 결합은 정신적 하나됨, 곧 참된 인간됨의 여정에서 자신의 충만을 요구한다. 바로 이런 이유에서 사람은 하느님께서 결합하셨던 것을 서로 갈라 놓을 수 없다. 하지만 이것은 계명이 아니다. 혼인의 진정한 의미이다. 하나된 것은 하나인 채로 있어야 한다. 이것은 인간의 가장 깊은 갈망이다.

이런 일치가 이 세상의 현실에서 항상 지속될 수 없으며, 특히 서로 갈라서는 이혼이 늘 있다는 것은 다른 차원의 문제이다. 예수께서는 이에 관해 거론하시지 않는다. 제자들이 그분께 물었을 때에도 그분은 율법의 계명을 말씀하시지 않고 이렇게 대답하신다. "아내를 버리고 다른 여자와 결혼하는 자는 간음하는 자입니다. 또 아내가 남편을 버리고 다른 남자와 결혼하는 것도 간음하는 것입니다"(10,11-12). 여기서 예수께서는 남편과 아내를 동등한 입장에서 대하신다. 유다인의 관습에 따르면 남편은 아내를 버릴 수 있었지만, 아내는 남편을 버릴 수 없었다. 마르코는 아내도 남편을 버릴 수 있었던 로마의 법질서에 관련시켜 말하고 있다. 하지만 예수께서는 법적인 토론을 전개하시지 않는다. 그분은 남편이나 아내가 배우자를 버리는 것은 혼인의 참된 의미를 훼손하는 것이라고 지적하실 뿐이다. 그러나 그분은 죄와 잘못, 금지와 허용 등의 범주에서 말씀하시지 않는다. 그분의 말씀은 오늘날에도 통용된다. 어떤 이유로든 혼인에 실패한 사람은 혼인이 어떤 직업처럼 간단히 바꿀 수 없다는 걸 깨닫는다. 혼인의 실패는 무엇인가를 파괴하기 때문이나. 그가 원래 의도했던 그것이 실패로 돌아간다. 그리고 이런 실패는 어떤 방식으로든 죄와도 관련되어 있다. 바로 그렇기 때문에 이혼한 사람들을, 재혼할 수 없다거나 하느님의 다정한 사랑 밖으로 밀려났다고 볼 수 없다. 그들은 오직 자기 자신들에게만 국한시켜 자신들에게 혼인의 참된 의미가 완성되지 않았다고 고백해야 할 것이다. 그들은 목적에 이르지 못한 것이다. 그리고 이것은 죄의 깊은 의미이기도 하다. 목적에 이르지 못했기 때문이다. 하지만 죄는 용서받을 수 있다. 예수의 말씀은 이혼한 사람들이 다시 결혼할 수 없다는 교회의 가르침과 아무런 관련이 없다. 교회의 가르침은 전혀 다른 차원, 곧 교회법적인 차원이다. 예수께서는 이런 차원을 안중에 두시지 않는다.

예수께서 예루살렘으로 올라가시는 길에 제자들에게 주셨던 대답은 우리에게 십자가를 상기시킨다. 많은 사람들에게는 혼인이 파괴되었듯이, 십자가에서는 그분의 삶의 계획이 무너지기 때문이다. 하지만 십자가에서 당신 삶이 깨어졌던 예수께서는 ― 이것은 마르코 복음의 기쁜 소식이다 ― 하느님에 의해 부활하신다. 그분은 새 생명을 누리신다. 따라서 마르코는 십자가를 향한 여정 중에 있었던 제자들의 교육에 이혼 구절을 결부시킴으로써, 혼인의 실패는 새로운 시작을 내포하고 있으며, 예수와 함께 새로운 사랑과 생명력으로 부활할 수 있다는 희망을 주고 있다.

재산의 의미 (10,17-31)

재산이 많았던 젊은이 이야기는 제자들을 심히 불안하게 했다. 이 이야기는 현대인들에게 걸림돌로 작용한다. 왜냐하면 재산을 다 팔아 가난한 사람들에게 준 사람만이 예수를 따를 수 있다는 인상을 받기 때문이다. 하지만 마르코는 이 이야기를 통해서 우리가 재산을 얼마나 소유할 수 있으며 얼마나 팔아야 하는지 따위의 규범을 제시하려고 하지 않는다. 오히려 마르코는 예수가 온전한 인격으로 만나는 젊은이 이야기를 통해서, 예수를 추종하는 제자들이 얽매여 있는 모든 것으로부터 내적으로 자유롭게 벗어나야 함을 강조하고 있다. 젊은이는 올곧게 살고 있다. 그는 모든 계명을 지킨다. 예수께서는 이 젊은이를 대견스레 바라보며 완전하게 구원하려 하신다. 그분은 이 젊은이가 하느님의 계명을 지키는 것 외에 다른 것도 행해야 함을 알고 계시다. "한 가지가 모자랍니다. 가서 가진 것을 모두 팔아 가난한 사람들에게 주시오. 그러면 하늘에서 보물을 차지하게 될 터이니, 그렇게 하고 와서 나를 따르시오"(10,21). 예수께서는 이 젊은이에 잠재해 있는 많은 것들을 감지하신다. 잠재해 있는 것을 계발하려고 하신다. 그분은 젊은이의 잠재능력을 촉진하려고 하신다.

재산을 팔아 처분하는 일은 예수를 추종하는 모든 사람에게 요구되었던 규범이 아니다. 예수께서는 이 젊은이를 자신의 참된 재능과 잠재력을 발휘할 수 있는 길로 이끄시고자 하신다. 이 젊은이는 자신의 재산을 처분할 때 비로소 자유로운 사람이 될 수 있는 것이다. 예수를 추종하는 다른 사람에게 자유를 위해 처분해야 할 것은 재산이 아니라, 자신의 삶으로 이룩한 성공 · 그릇된 하느님상 · 인간관 · 선입견, 습관이나 인간관계일 수 있다. 예수를 만난 이 젊은이 이야기를 읽는 사람은 예수님의 시선으로 자기 자신을 바라보아야 한다. 자신이 소유한 모든 재산과 함께 예수께 나아가 그분의 눈으로 자기 자신을 깊이 들여다보는 사람은 자신의 삶을 방해하는 것이 무엇인지를 깨닫게 될 것이다. 나는 무엇에 집착하고 있는가? 나를 방해하는 것은 간혹 타인에게 모범이 되는 올곧은 삶일 수 있다. 그럼에도 나는 그것을 고집한다. 내가 가진 것은 그것밖에 없음을 알고 있기 때문이다. 만일 내가 그것을 버린다면, 나에게 어떤 일이 닥칠지 알 길이 없다. 알지 못하는 것은 불안을 증폭시킨다. 불안은 나 자신을 옭아매고, 참된 자유를 방해한다. 재산이 많았던 젊은이에게 불안은 영원한 생명에 대한 갈망, 참된 삶에 대한 갈망보다 더 컸다. 그래서 그는 슬픔에 잠긴 채 예수를 떠난다. 결국 이 이야기는 내가 나의 삶을 방해하는 것을 과감히 버릴 마음이 없어 슬픔에 잠긴 채 예수 곁을 떠나고 있지 않는지 경고하는 셈이다. 그것을 과감히 버릴 때 우리는 예수를 추종하는 가운데 참된 자유를 체험할 것이다.

제자들은 비록 부자는 아닐지라도, 재산을 많이 가진 사람이 하느님 나라에 들어가기가 어렵다는 예수의 말씀에 깜짝 놀란다. 제자들의 이런 반응에 대해 예수께서는 조금 더 선동적인 말씀으로 대응하신다. "부자가 하느님 나라에 들어가기보다는 낙타가 바늘귀를 지나가기가 쉽습니다"(10,25). 예수께서는 이런 충격적인 말씀으로 재화 자체를 비난하려고 하시지 않는다. 왜냐하면 재화는 그 자체로 나쁜 것이 아니다. 재화는 하느님에게서 유래한다. 하느님께서는 부유한 분이시며, 당신의 신적 풍요로움을 우리에게 베풀어 주신다. 하지만 재화는 그 자체로 위험을 지니고 있는데, 우리가 우리 자신을 재화와 동일시하거나 재화를 우리 자신보다도 더 우선시하는 일이 그것이다. 그렇게 되면 재화는 우리의 위선적 삶을 조장하게 된다. 재화가 참된 자기 자신에 이르는 삶을 방해하는 것이다. 우리는 자긍심에 대한 결핍을 가능한 한 많은 재화를 모음으로써 메우려고 시도할 수 있다. 하지만 이 경우 우리 자아는 전혀 발전되지 않는다. 우리는 우리의 길을 더 이상 걷지 않고, 내적으로 정지된 상태에 머무르게 된다. 재화는 이렇게 우리를 사로잡을 수 있다. 그렇게 되면 우리는 더 많은 재화를 모으려는 탐욕에 빠질 것이다. 그리고 우리는 소유한 재산에 대해 결코 만족할 수 없을 것이다. 이렇게 재화에 의해 자기 자신의 삶을 결정하고 만들어 가는 사람은 하느님 나라에 들어가지 못할 것이다. 왜냐하면 그는 하느님께 자신의 삶을 결정하도록 내맡기는 일을 거부하고 있기 때문이다. 그는 재화를 주인으로 섬기고 있는 것이다.

제자들이 재화에 대한 예수의 기본 입장을 듣고 깜짝 놀라자, 예수께서는 또 다른 길을 알려 주신다. "사람은 할 수 없으나 하느님은 그렇지 않습니다. 하느님은 무슨 일이나 다 하실 수 있습니다"(10,27). 하느님께서는 부자의 마음에 가까이 가실 수 있고 또한 하느님 나라를 향해 마음을 열게 하실 수 있다. 자신의 재화에 얽매여 있는 사람일지라도 뜻밖의 체험을 통해 한번쯤은 그 얽매임에서 자유롭게 벗어날 수 있다. 적어도 한번쯤 그는 또 다른 길이 있다는 것을 분명하게 깨닫는다. 자기 삶의 목적이 재산을 모으는 일이 아니라, 하느님 나라에 들어가는 데 있음을 깨닫는다. 하느님 안에서 부유하게 되는 것, 하느님 편에서 자신의 삶을 결정하고 형성하는 일이 우리 삶의 목적이다.

  재산에 대한 예수의 말씀에 베드로는 자기를 비롯하여 제자들이 모든 것을 버렸다고 거만하게 대답한다. 예수께서는 모든 것을 버린 사람들에게 지금 여기서 그 백 배를 되받을 것이라고 약속하신다. 제자들은 예수와 함께 전도여행을 하기 위해, 예수의 죽음과 부활 후에 기쁜 소식을 만방에 선포하기 위해 가족과 소유를 버렸다. 집을 떠난다는 것은 내게, 집처럼 느껴지고 편안함을 주는 곳을 항상 떠나는 것을 의미한다. 그러니까 우리는 이 지상에서 영원한 안식의 장소를 찾을 수도 누릴 수도 없다. 우리는 눈에 보이는 외적인 집이나 고향을 떠날 때만 하느님 안에서 고향을 찾을 수 있다. 그렇게 되면 우리는 어디에서나 고향처럼 느낄 수 있다. 형제자매와 친구를 떠난다는 것은, 늘 나에게 선물로 베풀어지는 친교를 누릴 수 있는 조건이다. 부모를 떠난 사람은, 부모의 내적 소리와 일정한 거리를 두는 사람은 자기 자신의 고유한 삶을 영위할 수 있고, 부모가 자신에게 제안하는 근본적 뜻을 긍정적으로 깨달을 수 있다. 자녀는 우리 안에서 자라는 것, 곧 삶의 열매를 상징한다. 내 안에서 성상해 열매로 맺은 것도 나는 버려야 한다. 그래야만 내 안에서 새로운 것이 성장할 수 있다. 토지는 소유 재산을 의미한다. 재화와 일정한 거리를 두는 사람만이 하느님께서 그에게 베풀어 주시는 것을 감사하는 마음으로 누릴 수 있다. 버리는 사람만이 향유할 수 있다. 자신의 재산을 집요하게 움켜쥐는 사람은 그것에 대해 기쁨을 누릴 수 없다. 하느님께서 이 세상에서 우리에게 베풀어 주시는 모든 것은 이 세상의 조건과 추구에서 베풀어진 것이다. 그것은 다시 거두어질 수 있다. 그러기에 우리는 그것을 움켜쥘 수 없는 것이다. 우리가 집·형제·자매·부모·자녀와 토지 등과 결부시킨 모든 것 안에는 하나의 약속이 담겨 있으며, 이 약속의 내용은 영원한 생명을 누릴 때야 온전하게 밝혀질 것이다. 그때 우리는 영원한 고향에서 충만한 친교를 체험할 것이다.

각자는 자기 버림과 하느님의 보상을 개인적인 방식으로 체험할 것이다. 수도생활로 자기 재산을 포기하는 사람은 자기 형제자매보다 더 많은 재화를 누린다는 것을 체험한다. 가정과 직장에서 재산에 온통 마음을 두지 않는 사람은, 충분하게 재산을 누리고 있으며 새로운 친구를 쉽게 만날 수 있다는 것을 체험한다. 하지만 많은 재산에 관심을 두고, 그것을 삶의 기준으로 삼는 사람은 결코 만족을 누리지 못할 것이다. 그는 자신에게 필요한 자기 존엄성을 체험하지 못할 것이다. 그러므로 예수께서는 재화에 대한 당신의 가르침을 통해 추종의 길을 방해하는 모든 것을 버리라고 말씀하신다. 내적으로 자유로워진 사람만이 예수께서 자신을 어디로 인도하시는지 이해할 것이다. 그분은 그를 하느님 나라로, 인간이 자신의 참된 존재를 발견하는 공간으로 인도하신다. 그곳에서 하느님께서는 친히 그를 기르시고, 당신 영광으로 충만케 하신다.

지배와 섬김 (10,35-45)

예수께서 머지않아 당신에게 닥칠 일을 비교적 자세하게 말씀하셨던 세 번째 수난 예고 후에 제베대오의 아들들이 예수께 다가와 하느님 나라에서 오른편과 왼편에 각각 앉게 해 달라고 청한다. 그들은 권력과 영예를 중요시했다. 그래서 하느님 나라에서 영광스러운 자리를 차지하기를 원한다. 그들은 하느님 나라에 관한 예수의 가르침을 잘못 이해했던 것이다. 하느님 나라에서는 우리의 권세가 아니라 하느님의 다스림이 관건이다. 하느님께서 중심이시지 인간은 중심이 아니다. 하지만 제자들은 하느님 나라를 사람들이 소유할 수 있는 어떤 것으로 이해했다. 그들은 하느님 나라를 세속적으로 이해하고, 그 나라를 차지하게 해 달라고 예수께 청한다. 그러나 예수께서는 하느님 나라에 들어갈 수 있는 조건을 질문으로 암시하신다. "청하는 것이 무엇인지도 모르고들 있구려. 내가 마시는 잔을 마실 수 있으며 내가 받는 세례를 받을 수 있습니까?"(10,38). 예수께서는 제자들에게 당신을 추종함으로써 겪게 되는 고난을 말씀하신다. 추종이란 자기 자신을 다른 사람보다 더 높이고, 예수를 알지 못하는 사람들에게 우쭐해지기 위해서가 아니다. 추종이란 필요할 경우 순교를 마다하지 않는 것, 하느님께서 우리 내면에 부어 주시는 고난의 잔을 마실 각오까지 하는 것을 뜻한다. 예수를 추종하는 모든 길은 우리를 고난으로 인도한다. 우리 자신과 우리의 부족함에서 비롯되는 고통, 우리를 종종 이해하지 못하는 이웃에게서 비롯되는 고통을 피할 수 없다.

제베대오의 아들들은 매우 의식적으로 고난의 잔을 마실 수 있다고 확언한다. 예수의 대답에는 그들이 마르코 복음이 집필되던 당시에 이미 순교당했다는 사실이 암시되고 있다고 볼 수 있다. 하지만 우리는 당시의 역사적 사실 자체보다는 복음의 내용에만 충실하고 싶다. 다른 제자들은 이 두 제자의 당당한 요구를 매우 못마땅하게 생각했다. 그래서 예수께서는 이를 계기로 교회 공동체 내에서 권세가 어떻게 사용되어야 하는지를 가르쳐 주신다. 그분은 먼저 부정적 실례로서 권세를 남용하는 두 가지 예를 말씀하신다. 다스리는 자들은 백성을 내리누른다. 그들은 자신들의 위대함을 크게 드러내 보이기 위해 백성을 내리누르고 보잘것없이 취급한다. 그리고 권력자들은 사람들에게 폭력을 마구 행사하기 위해 권력을 남용한다. 그들은 권력을 잘못 이해한 것이다. 다른 사람에게 상처를 입혀야만 자신들이 권위있게 보일 수 있다고 생각한 것이다. 하지만 이런 것들은 그들이 자기 자신들과 하나되지 못하고 오히려 자기 자신의 상처를 더욱 깊게 하고 있다는 것을 반증해 줄 뿐이다. 예수께서는 이와는 달리 다스림의 다른 방식을 보여 주신다. 크게 되고자 하는 사람은 먼저 섬기는 사람이 되어야 한다. 예수께서는 여기서 식탁 봉사에 관해 말씀하신다. 식탁 봉사자는 생명의 봉사자이다. 지도자는 생명에 봉사해야 한다. 그리고 첫째가 되고자 하는 사람은 모든 이의 종이 되어야 한다. 그리스어에서는 "섬기는 사람"diakonos(디아코노스)과 "종"doulos(둘로스)을 구별하고, 라틴어도 "봉사자"minister와 "종"servus을 구별한다. 섬기는 사람은 식탁에서 봉사하는 사람을 가리킨다. 섬기는 사람은 자신들의 나약함을 느끼는 사람들에게 버팀목이 되어 주고 생명에 기여하는 협력자이다. 종은 정보를 주기 위해 군대와 야전군 사이를 뛰어다니는 사람을 가리킨다. 그리스어 "둘로스"*doulos*는 주인도 아니고 자유로운 사람도 아닌 노예를 뜻한다. 노예는 자기 주인에게 얽매여 있는 신분이다. 따라서 그리스도인은 하느님께 매여 있는 신분임을 스스로 느끼고, 자신에게 맡겨진 바를 겸손한 마음으로 행해야 한다. 그는 친교에 기여해야 하고, 성숙한 공동체 건설에 요구되는 바를 돌보아야 한다. 그리스도교 공동체 안에서 권력 행사는 이 세상과는 다른 모습으로 이루어져야 한다. 지도자는 생명에 기여하고, 생명을 자라게 하며 돌보아야 한다. 지도자는 주님이신 예수와 결합되어 있음을 명심하고, 다른 사람들을 다스리는 주인으로 행세해서는 안 된다. 그는 주님의 위임으로 행동하며, 봉사하려는 마음을 지니고 있어야 한다.

예수께서는 올바른 다스림과 섬김에 관한 논쟁을 계기로, 당신 자신의 삶을 제자들이 살아가야 할 삶의 척도로 제시하신다. 그리고 제자들에게 당신 생애 전체의 본질적 의미, 곧 당신의 삶과 죽음의 본질적 동기를 알려 주신다. "인자도 섬김을 받으러 온 것이 아니라 섬기러 왔고, 많은 사람을 대신해서 속전으로 목숨을 내주러 왔습니다"(10,45). 예수의 권위 있는 활동은 사람에게 봉사하기 위한 것이다. 그분은 사람들을 악마의 권세에서 해방하시고 생명을 베풀어 주심으로써 사람들에게 봉사하신다. 그리고 이미 세 번 예고하셨던 당신의 수난이 목전에 다가왔음을 의식하신다. 지금까지 그분은 늘 수난 사실만을 말씀하셨다. 이제 그분은 당신 죽음이 어떤 의미를 지니고 있는지 밝히신다. 예수께서 십자가에서 비참하게 돌아가시더라도 죽음은 그분께서 원하신 일이다. 그분은 친히 많은 사람을 대신한 속전으로 당신 목숨을 내주신다. 여기에는 그리스어 "프쉬케" *psyche*가 사용되고 있다. 그분이 당신 인격의 가장 내면적인 영역인 영혼을 바치신다는 뜻이다. "속전"으로 번역된 그리스어 "뤼트론" *lytron*은 노예를 노예의 신분에서 벗어나게 해주는, 몸값을 치르는 돈을 의미한다. 하지만 이것은 정확히 무엇을 의미하는가? 예수께서는 이 말씀을 틀림없이 이사야 53장 「야훼의 종의 노래」를 배경으로 하여 들려주셨다. 순교에 대한 유다교 신학은 '대리 죽음'에 대해 언급한다. 어떤 사람이 나를 위해 죽는다면, 나는 죽음을 벗어나는 것이다. 여기서 그리스도교 신학은 성급하게 예수의 죽음을 속죄의 죽음으로 언급했다. 하지만 이 대목은 속죄의 죽음을 말하고 있지 않다. 많은 사람 — 유다인뿐만 아니라 이방인을 포함한 — 을 대신하는 속전의 비유는 예수의 죽음을 해방하는 행위로 이해한다. 우리는 노예처럼 이 세상의 주인들과 결합되어 있고, 내적 억압에 사로잡혀 있고, 온갖 격정과 욕구에 지배받고 있다. 이런 우리 자신이 악마의 권세에서 풀려나게 되는 것이다. 우리는 해방되고 구원된다. 우리는 자유롭게 된다. 예수께서는 당신의 이런 대리적 죽음을 하나의 섬김으로 이해하신다. 그분은 노예 신분이 되시어 우리를 섬기심으로써 노예인 우리를 해방하신다. 그분의 섬김은 죽음으로 완성된다. 그분의 죽음은 우리를 옭아매는 세력들의 온갖 속박에서 우리를 해방한다.

하지만 다시 한번 묻고 싶다: 나는 어떻게 예수의 죽음을 이해해야 하는가? 예수께서 어떻게 나를 대신하여 죽으실 수 있는가? 우리는 이를 사랑으로 이해할 수 있다. 어떤 사람이 자신의 존재 전체로 나를 받아들인다면, 나를 조건없이 사랑한다면, 그는 자기 자신을 내게 바치는 것이다. 그리고 이런 헌신적 사랑은 죽음으로 완성된다. 위대한 사랑은 저마다 죽음으로 이어진다. 사랑은 죽음으로 자신의 참된 본질에 이른다. 따라서 예수의 죽음은 그분께서 "우리를 위한 존재"이시며, 이타적 실존Proexistenz임을 표현한다. 그리고 이런 "나를 위한 존재"는 나를 속박하는 존재로부터 나를 해방시킨다. 예수의 죽음은 나의 모든 희망을 포기하게 하는 하나의 실패가 결코 아니다. 예수의 죽음은 오히려 나와 깊은 친교를 원하시는 그분 사랑의 심오한 표현이다. 예수께서 친히 나를 위해 죽으신다면, 나의 삶과 죽음에 나를 그분으로부터 떼어놓을 수 있는 것은 하나도 없다. 따라서 예수께서는 제자들뿐만 아니라 모든 사람에게, 당신의 죽음이 그분과의 친교를 해치는 것이 아니라 도리어 그 어떤 것도 파괴할 수 없을 정도로 당신과의 친교가 더욱 깊어질 것임을 약속하신다.

맹인 바르티매오의 치유(10,46-52)

마르코는 예수의 예루살렘 입성과 본격적인 수난 보도에 앞서 맹인 바르티매오의 치유 이야기를 전해준다. 바르티매오는 길가에 앉아서 구걸하고 있었다. 그는 나자렛 예수께서 지나가신다는 말을 듣고 이렇게 외치기 시작했다. "다윗의 아들 예수님, 불쌍히 여기소서!"(10,47). 이에 제자들은 화를 냈다. 그들은 예수와 함께 따로 이야기를 하고 싶었는데, 거지의 외치는 소리가 이를 방해했던 것이다. 예수를 따르던 많은 사람이 잠자코 있으라고 거지를 꾸짖었다. 하지만 맹인은 더욱 큰 소리로 간청했다. 나는 맹인의 이 집요한 간청에 깊이 감동받았다. 나는 대부분이 맹인과는 정반대로 행동한다. 내게 무엇인가 간청할 일이 생기면, 나는 대부분 주춤거린다. 그런 다음 스스로 해결하려고 시도한다. 그 결과 괴로움만을 맛본다. 그러나 바르티매오는 간청하는 일을 그만두지 않았다. 그는 사람들의 반감에 맞서 더욱 큰 소리로 간청했다. 그는 자기 목소리를 냈던 것이다. 그는 드디어 다시 볼 수 있게 되기를 바랐고 또한 자기 자신이 타인에게 보여지기를 바랐던 것이다.

예수께서는 가던 길을 멈추셨다. 맹인의 곤경을 들으셨던 것이다. 이 곤경은 예수에게 이제 많은 사람들과 나누는 대화보다도 더 중요했다. 그분은 어떤 사람이 구원과 치유를 정말 갈망하고 있음을 느끼셨다. 그래서 거지를 부르셨다. 그러자 사람들의 태도는 변했다. 예수께서 거지를 부르시자 사람들은 더 이상 화를 내지 않게 되었다. 도리어 바르티매오에게 이렇게 말했다. "힘내시오. 일어나시오. 그분이 부르십니다"(10,49). 맹인은 겉옷을 내던지고 벌떡 일어나 예수께로 왔다. 그가 벗어던진 겉옷은 그에게 더 이상 필요하지 않다. 그는 자신의 참된 모습을 가리고 있었던 역할과 가면을 벗어버렸기 때문이다. 그는 마음을 활짝 열고 무방비 상태에서 예수께 간절하고 진실한 마음으로 달려갔다. 그는 있는 그대로의 자기 자신을 예수께 내맡겼다.

예수께서는 그를 즉시 고쳐주시지 않고, 오히려 이렇게 물으신다. "무엇을 바랍니까?"(10,51). 이 말씀을 성서 원문인 그리스어로 직역하자면, "내가 그대에게 무엇을 행하기를 원합니까?"이다. 예수께서는 다시 맹인의 의지에 호소하신다. 그는 예수께 무엇을 바라고 있는지 분명하게 생각해야 한다. 나는 영성 상담에 임하면서 사람들이 자기 자신들에 관해 말하는 것을 아주 쉽게 시작한다는 것을 자주 겪었다. 하지만 그들이 내게 무엇을 바라는지는 대부분 명확하지 않았다. 이런 식의 대화는 더 이상 도움이 되지 않는다고 생각했다. 그래서 나는 항상 이렇게 묻는다. "그들이 내게 무엇을 원하는가? 그들은 무엇을 호소하고 있는가? 어떤 문제가 해결되기를 바라는가?" 도움을 청하는 사람은 자신이 진정 바라고 있는 바를 분명히 해야 한다. 그는 영적 상담가나 사목자에게서 무엇을 기대하고 있는지를 숙고해야 한다. "그대는 내게서 원하는 것이 무엇입니까?" 내담자는 이런 점을 분명히 함으로써 자신이 불가능한 일을 바라고 있다거나 혹은 불명확한 원의만을 가지고 심리치료사들이나 사목자들을 찾고 있었으며, 자신에게 필요한 바를 그들은 이미 알고 있을 것이라고 기대하고 있음을 깨닫게 된다. 이 경우 도움을 청하는 사람은 의사에게 책임을 떠넘기는 셈이 된다. 하지만 예수께서는 맹인에게 책임을 호소한다. 그는 자신이 진정 원하는 바를 분명하게 표현해야 한다.

환자가 자신의 원의를 의사에게 분명하게 표현할 때, 의사는 자신이 그런 도움을 줄 수 있는지 없는지를 자유로이 결정할 수 있다. 혹은 그 목적에 이르기 위해서 자신이 어떤 도움을 줄 수 있는지를 환자와 대화할 수 있다. 의사는 환자에게 자가 치료법을 일깨워줄 수 있다. 혹은 그가 의사와 심리치료사에게 구체적으로 기대하는 바가 무엇인지를, 어떤 단계의 치료를 원하는지를 그들과의 대화를 통해 정확하게 표현할 수 있다.

바르티매오는 원하는 바를 즉시 이렇게 말한다. "랍부니, 다시 볼 수 있게 해주소서"(10,51). 랍부니는 단순히 "선생님"이 아니라 더 깊은 존경심을 드러내는 "나의 선생님"이란 뜻이다. 맹인은 예수와 맺어지는 관계를 느낀다. 그는 그분을 인격적으로 대한다. 예수께서도 그를 가까이 부르셨다. 그래서 거지는 예수께서 자기에게 관심을 가지시고, 그분이 자신에게 중요한 존재임을 깨달을 수 있었다. 그리고 예수의 물음은 신뢰의 관계를 만들었다. 이런 신뢰를 바탕으로 그는 예수를 인격적 칭호로 부른다. 그는 다시 볼 수 있기를 바란다. 그리스어 "아나블렙소"*anablepso*는 "치켜보다"·"위를 보다"는 뜻이다. 따라서 맹인의 원의에는 단순히 사물과 사람만을 보는 일이 아니라 자신의 시선이 위를 향하는 것, 그러니까 하늘을 바라보는 일이 표현되어 있다. 그는 신앙의 눈으로도 바라보기를 원한다. 그는 고통 가운데서도 하느님을 바라보기를 원한다. 그는 자신의 삶 위에 열린 하늘을 바라보기 원한다. 이웃들, 자기 삶의 사건들, 자기 주변의 자연을 바라보면서 그 속에서 보이지 않는 것을 깨닫는 사람이라야, 곧 모든 것 안에서 하느님을 바라보는 사람이라야 제대로 볼 수 있는 눈을 가졌다고 말할 수 있다.

예수께서는 맹인이 원하는 바를 들어주신다. "가시오. 그대 믿음이 그대를 구원했습니다"(10,52). 예수께서는 바르티매오에게 훌륭한 믿음만을 칭찬해 주신다. 믿음은 예수께서 그를 치유하실 수 있는 조건이다. 믿음은 그 자체로 치유의 첫 단계이다. 신앙은 치유하는 힘을 지니고 있다. 그래서 바르티매오는 다시 볼 수 있었다. 그는 보는 사람으로서 이제 예수를 추종한다. 예수께서는 베싸이다에서 치유받은 맹인을 마을로 돌려보내셨다. 그분은 치유받은 다음 당신 자신을 추종하기를 바라는 마귀 들렸던 사람을, 되돌아가야 할 가족의 품에 돌려보내셨다. 하지만 바르티매오에게는 당신을 따르기를 바라는 것을 막지 않으신다. 그분은 이제 예루살렘으로 향하시고, 거기에서 고난과 십자가의 죽음을 당하실 것이다. 제자들이 이제껏 스승을 이해하지 못하는 맹인의 신세였다면, 바르티매오는 열린 눈으로 예수를 추종하는 유일한 제자이다. 그는 예수의 수난에서 그 이면을, 큰 고통 속에서도 열린 하늘을 바라보고, 죽음의 어둠 속에서 하느님 구원의 빛을 깨닫고, 십자가의 비참 속에서 악의 세력에 대한 승리를, 무덤 속에서 생명을 발견하고 있다. 바르티매오는 자신의 시선을 하늘에 둘 수 있게 되었다. 그는 그런 시선을 가짐으로써만 어둠 속에서도 빛을 잃지 않고 예수의 수난 여정을 추종할 수 있다. 그는 의심하지 않고 예수의 수난을 바라볼 수 있다. 그는 당신 아들을 십자가에 결코 홀로 놔두시지 않는 하느님을 고통 가운데서 분명히 깨닫기 때문이다. 하느님께서는 고통스러운 십자가 죽음의 순간에까지 당신 아들과 함께하신다. 이렇게 바르티매오처럼 "위를 바라볼 수 있는" 사람은 십자가에서 죽은 이들을 일으키시는 하느님을 깨달을 것이다.

예루살렘 입성 (11,1-25)

마르코는 맹인 치유 이야기에 이어 예루살렘에 입성하시는 예수의 모습을 전해준다. 예수의 갈릴래아 활동기와 예루살렘 상경기를 보도한 다음 마르코는 예루살렘 체류를 전해준다. 여기서 예수께서는 어떤 기적도 행하지 않으신다. 오히려 그분은 표징과 비유로 장차 있을 죽음의 신비를 암시하실 뿐이다. 그리고 그분은 십자가에서 인간을 위해 죽으심으로써 예루살렘에서 당신 삶을 완성하실 것이다. 그분은 치유를 갈망하는 사람들뿐만 아니라, 당신을 십자가에 못박는 원수들을 위해 죽으신다. 치유하고 해방하시는 그분의 활동은 십자가의 죽음에서 절정에 이른다. 그 죽음에서 예수께서 하느님 나라의 선포 중에 가르치셨던 내용이 밝혀지고, 아울러 그 나라에 들어갈 수 있는 조건들이 제시된다.

볼 수 있게 된 바르티매오는 고난의 길을 가시는 예수를 추종한다. 그는 우리가 예루살렘 입성이 암시하는 예수의 신비를 이해하도록 초대한다. 이 신비에는 예수의 선지식先知識이 있다. 예수께서는 두 제자에게 마을 어귀에 새끼나귀가 매여 있는 것이 보일 터이니 그것을 끌고 오라고 이르신다. 예수께서는 깨인 의식으로 예루살렘을 향해 가시고, 십자가 죽음에 대면하신다. 그분은 당신께 닥칠 일을 알고 계시다. 그리고 그것에 동의하신다. 마르코는 여기서 구약성서를 글자 그대로 인용하지 않는다. 그는 사건을 성서의 두 곳, 곧 창세기 49장 11절과 즈가리야 9장 9절을 배경으로 설명한다. 창세기 49장 11절에서 야곱은 아들 유다에게 축복을 베풀어 준다. 그로부터 옥좌에 앉는 인물이 나온다. 즈가리야 9장 9절은 평화의 왕으로서 나귀를 타는 메시아에 관해 언급한다.

갈릴래아에서부터 예수를 따르던 제자들은 자기 겉옷을 벗어 길에 깔았고 들에서 꺾은 나뭇가지들을 깔았다. 이 두 행위는 왕을 위한 전형적인 의식이다. 예수께서 이스라엘의 참된 왕으로서 예루살렘에 입성하신다는 것이다. 그러나 마르코는 이 화려한 입성 사건에 예루살렘 도시를 관련시키지 않는다. 이 입성은 단지 제자단에게만 관련된 사건이기 때문이다. 제자들은 유다인의 환호성인 "호산나"를 외친다. "호산나"는 "제발 구해 주소서" 혹은 "제발 도와 주소서"라는 뜻이다. 예수께서는 주님의 이름으로 오시는 분이다. 그리고 그분을 통해 다윗의 나라가 도래한다. 유다인들이 기다리던 메시아의 나라가 실현되는 것이다. 예수께서는 다윗의 아들이신 왕으로서 당신 나라에 들어가신다. 그래서 맹인 바르티매오는 이미 그분을 다윗의 아들이라고 불렀다. 이제는 제자들도 예수로 말미암아 예루살렘에 다윗 왕의 다스림이 실현되고 있음을 알고 있다. 하지만 다윗의 고을은 그 왕을 배척한다. 제자들은 "지극히 높은 곳에서 호산나"(11,10) 하는 외침으로 하늘의 천사들에게 함께 기쁜 마음으로 노래할 것을 청한다. 예수께서는 예루살렘 도시에만 들어가시는 것이 아니라 성전에도 들어가신다. 그분은 그곳에서 모든 것을 둘러보신다. 그분은 이제 열두 제자와 함께 계시다. 마르코는 자신의 복음에서 성전을 항상 부정적으로 기술한다. 이런 묘사를 통해 마르코는 예수께서 성전의 상인들을 추방하신다는 것을 보여 주려 한다. 예수에게 관건은 성전에서 봉헌되는 외적 제사가 아니라, 하느님의 뜻과 사랑에 온전히 열려 있는 마음의 제사다. 이것은 다음 두 장면에서 분명하게 볼 수 있다.

마르코는 두 장면을 예술적으로 서로 연결시킨다. 이것은 마르코 특유의 묘사 방식인 "샌드위치 구성"이라고 할 수 있다. 무화과나무의 저주에 관한 첫 장면은 이해하기가 쉽지 않다. 하지만 구약성서의 배경을 생각하면, 마르코가 이 장면을 통해 의도하는 바를 알 수 있다. 예수께서 허기진 배를 채울 수 없으셨던 분노가 폭발하여 무화과나무를 저주하셨다는 이야기를 하고 있는 것이 아니다. 그런 식으로 해석할 때 예수께서 당신의 권능을 남용하고 있으며, 옹졸한 행동이라고 말할 수 있을 것이다. 잎사귀는 무성하지만 아무런 열매를 맺지 못하는 무화과나무는 이스라엘을 상징한다. 예언자 미가는, 열심하고 철저한 사람들이 이스라엘에서 사라졌기 때문에 무화과나무에서 아무런 열매를 발견할 수 없었다고 한탄한다(7,1 이하 참조). 마르코는 무화과나무 저주 이야기를 성전 정화 사건과 연결함으로써, 무화과나무가 아니라 성전이 관건임을 말하고 있다. 그러니까 "예수께서는 기존의 종교적 질서가 마지막에 이르렀다고 선포하신다"(Iersel 189). 무화과나무가 열매 맺지 못하는 것처럼 기존하는 종교적 질서와 함께 성전도 부패되었다는 것이다. 성전은 상인들과 환전상들의 돈벌이 장소가 되었다. 성전은 이제 더 이상 하느님을 만나는 기도 장소가 아니다. 성전에 대한 예수의 이런 비판적 태도는 우리에게 다음과 같은 질문을 계속 제기하고 있다: 우리의 종교적 행동도 상거래의 장소가 되고 있지 않은가? 기도할 때 정말 하느님의 뜻이 관건인가, 아니면 내게 모든 일이 잘되기 위해 하느님을 이용하고 있는가? 모든 신심활동에는 자신을 위해 하느님을 이용하려는 위험이 도사리고 있다. 예수께서는 영혼의 양식이 되는 열매를 맺는 영성만이 하느님의 뜻에 합당한 것으로 여기신다.

예수께서는 무화과나무의 저주에 관한 말씀을 해명이라도 하시는 것처럼 제자들과 함께 성전으로 가신다. 그분은 물건을 파는 사람들과 사는 사람들을 성전에서 쫓아내시고, 환전상들과 비둘기 파는 자들의 상을 둘러엎으신다. 그리고 당신의 행동에 대해 이사야 56장 7절과 예레미야 7장 11절을 인용하여 한마디로 설명하신다. "내 집은 모든 민족을 위한 기도의 집이라 불릴 것이다"(11,17). 성전은 유다인의 집만이 아니라 이방인의 집이기도 하다. 이로써 예수께서는 분명 그리스도교 공동체가 지향하는 영적인 성전을 말씀하신다. 왜냐하면 마르코는 파괴된 성전이 다시 복구된다는 것을 고려하지 않고 있기 때문이다. 그리고 대제관들과 백성의 지도자들이 성전을 강도의 소굴로 만들었고, 세속적 목적이 거룩한 공간 안에 슬며시 파고들어와 성전을 더럽히고 있다는 의혹이 예수의 말씀에 담겨 있기 때문이다. 이런 의혹은 그리스도인들도 대제관들처럼 자신들의 공동체를 다루고 있는 것이 아니냐는 하나의 경고가 된다. 대제관들과 율법학자들은 예수의 이런 행동에 대해 그분을 없애 버리기로 결정을 내린다. 그들은 예수께서 당신의 표징적 행동을 통해 의도하신 바를 이렇게 분명히 이해했다. "성전에서 상행위는 예수와 함께 끝난다. 예수로 말미암아 모든 백성이 들어오는 새로운 성전이 시작된다." 그들은 예수를 죽이려고 했지만, 백성을 두려워한다. 왜냐하면 "군중이 모두 그분 가르침에 내우 경탄했기 때문이다"(11,18). 예수의 행동도 분명 가르침으로 이해된다. 예수께서 하느님에 관해 말씀하신다면, 인간의 마음이 움직인다. 이 때문에 마르코의 첫 구원 이야기는 악령들이 예수의 가르침에 반응하고 있는 모습을 보여 주었다. 예수께서는 당신의 가르침으로 무엇을 의도했는지를 즉시 밝혀 주시듯이 가르치신다. 그분은 상인들과 환전상들을 성전에서 내쫓으신다. 이로써 그분은 성전이 어떤 곳인지를 분명하게 가르쳐 주시는 셈이다. 성전은 기도의 장소이며, 하느님과 단둘이 만나는 가장 은밀한 장소다.

제자들은 다음 날 저주받은 무화과나무를 지나가다가 실제로 그 나무가 말라죽어 있는 것을 보았다. 무화과나무는 성전의 상행위로 인해 어떤 일이 일어났는지를 다시 한번 입체적으로 보여 준다. 무화과나무는 뿌리까지 말라 쓸모없게 되었다. 이제 더 이상 열매를 맺지 못할 것이다. 예수께서는 말라버린 무화과나무와 성전 정화에 대한 제자들의 체험을 상기시킴으로써, 참된 성전과, 기도와 참된 종교심의 본질을 깨닫기 위한 세 단어를 지적하신다. 이 세 단어를 통해 예수께서는 영성을 언급함과 동시에 당신 제자들에게 뭔가를 기대하고 계시다.

첫 단어는 신앙이다. 외적 행동이 문제가 아니라, 하느님께 대한 믿음, 하느님 아버지의 자비하심에 대한 조건없는 신뢰가 관건이다. 이런 믿음을 가진 사람은 "이 산더러 '들려서 저 바다에 던져져라'"

(11,23)고 말할 수 있고, 또 그대로 될 것이다. 예수님의 이런 상징적 말씀은, 제자들이 신앙으로 마술을 행해야 한다는 뜻이 결코 아니다. 바다로 빠지는 산은 도리어 종종 실재에 대한 우리의 시선을 현혹하는, 산더미같이 많은 문제와 불안들을 상징한다. 이런 믿음은 예수 수난에 대한 관점에서 이렇게 말할 수 있을 것이다. "그대가 고통 속에서 하느님에 대해 아무것도 바라볼 수 없다고 생각될 때도, 그대 삶의 모든 계획이 수포로 돌아갈 때도, 그대의 삶에서 가장 중요한 것이 좌초될 때도, 예수께서 수난 중에 견지하신 조건없는 신뢰를 그대가 지닌다면, 그대의 시선을 현혹하는 산은 무너져내릴 것이다. 그 산은 바다에 빠질 것이다." 바다는 무의식 세계를 상징한다. 불안은 처음에 발생했던 그곳, 무의식의 세계 속으로 사라지게 된다. 불안은 실재에 대한 시선을 더 이상 어둡게 하지 못한다. 참된 예배는, 하느님께서 친히 십자가의 비참한 죽음을 승리로 이끄실 것이라는, 조건없는 신뢰의 행위다.

둘째 단어는 우리의 기도에 각인되어 있어야 할, 하느님께 대한 무조건적인 신뢰를 구체화하는 단어다. "기도하며 청하는 것은 모두 받는다고 믿으시오. 그러면 이루어질 것입니다"(11,24). 이 말씀은 우리의 경험과 일치하지 않는 것처럼 보인다. 이 말씀은 우리가 하느님께 기도할 때 우리의 어리석은 소원까지도 들어주신다는 것을 뜻하지 않는다. 도리어 우리의 기도가 믿음으로, 하느님께 대한 신뢰로 각인되어 있어야 한다는 것을 뜻한다. 하느님을 굳게 신뢰할 때, 하느님의 뜻에 어긋나는 원을 청하지 않을 것이다. 우리는 기도하는 가운데 진정으로 우리에게 좋은 것이 무엇인지를 깨닫게 된다. 그리고 이미 우리 곁에 와 계시는 하느님께서 우리를 보호하심을 느낀다. 하느님께서 어떤 상황에서든, 십자가에서까지 우리 곁에 계시다는 확고한 신뢰와 깨달음은 우리의 모든 소원을 채워준다. 하느님을 정말 그런 분으로 믿는다면, 우리는 더 이상 개별 청원을 할 필요가 없을 것이다. 치유하고 사랑하시는 하느님의 현존에 대한 우리의 깊은 갈망은 이미 채워졌기 때문이다. 예수의 이 말씀의 의미를 제대로 이해한 아빌라의 데레사는 "하느님만으로 충분하다"라는 유명한 말을 남겼다. 기도 중에 하느님을, 가까이 계시면서 도움을 베푸는 분으로 체험하는 사람은 충만한 상태에 이른다. 그는 수많은 소원이 이루어지기를 청하지 않을 것이다.

예수께서 제자들의 기도와 더불어 말씀하시는 셋째 단어는 우리 이웃과의 관계이다(11,25 참조). 우리 이웃을 등한시하는 기도는 그리스도인의 기도가 아니다. 순수한 기도는 용서를 필요로 한다. 우리가 뭔가 못마땅하게 생각했던 사람들을 용서할 때만 비로소 하느님 앞에 나아갈 수 있다. 이웃과의 화해는 기도 중에 하느님을 만나게 한다. 용서하려는 마음의 준비가 없으면 우리 기도는 위험에 빠져, 다른 사람 위에 군림하거나 자기 이익을 위해 하느님을 악용하게 된다. 하느님과의 관계는 우리 이웃과 맺는 관계까지도 정화하도록 요구한다.

포도원 소작인 우화 (12,1-12)

마르코는 성전에서 상인들을 쫓아내시는 예수의 모습을 전한 다음, 대제관과 율사와 원로들과 벌이는 예수의 논쟁을 소개한다. 이 논쟁 사이에 마르코는 — 다시금 "샌드위치 구성"으로 — 악한 소작인 우화를 들려준다. 이 우화는 그때마다 서로 상이한 차원에서 해석할 수 있는 여느 우화들과는 달리 다양한 의미를 지니고 있지 않다. 여기서 예수께서는 당신의 운명을 말씀하고 계시며, 청중들은 그분이 의도하신 바를 매우 분명하게 이해한다. "그들은 자기네를 가리켜 이 비유를 말씀하신 것을 알아차렸다"(12,12). 예수께서는 이사야 예언서 포도원의 노래를 묘사하심으로써 우화를 들려주기 시작하신다. "어떤 사람이 포도원을 가꾸어 울타리를 둘러치고 포도즙 짜는 확도 파고 망대도 세웠습니다"(12,1 = 이사 5,1 이하). 포도원은 구약성서에서 이스라엘 백성을 즐겨 가리키는 상징이다. 하느님께서는 친히 이 포도원을 가꾸셨다. 그리고 포도원을 소작인에게 임대하신다. 소작인은 이스라엘 백성을 책임진 사람들, 곧 대제관과 율사들을 상징한다. 하느님께서는 포도원의 소출을 받아오도록 세 번이나 종을 보내신다. 종들은 하느님께서 항상 당신 백성에게 보내셨던 예언자들을 가리킨다. 하지만 이스라엘 백성은 대부분 예언자들을 살해했다.

놀라운 일은 하느님께서 당신 백성에게 많은 인내심을 보이신다는 점이다. 그분은 불충에 대해 우리 인간의 생각과는 완전히 다른 방식으로 대응하신다. 예수께서는 친히 분명하게 이렇게 말씀하신다. "이제 주인에게는 오직 하나, 사랑하는 아들만 남았습니다. 마지막으로 그를 보내며 '내 아들이야 존중하겠지' 하였습니다"(12,6). 여기서 예수께서는 당신 적대자들에게 그들이 지금 죽이려고 하는 자가 누구인지를 분명하게 알려 주신다. 그분은 하느님의 사랑하는 아들이시다. 이 구절로 마르코는 강생의 신비와 예수 죽음의 신비를 암시한다. 하느님께서는 우리에게 당신의 사랑하는 아들을 보내셨다. 예수께서

이 세상에 오심 자체는 하느님께서 인내하시며 우리를 사랑하신다는 표현이다. 하느님의 이런 사려깊은 숙고는 소작인의 반대생각을 통해서 무너진다. "그러나 농부들은 '저자는 상속자다. 가서 죽여버리면 유산은 우리 차지다' 하고 서로 말했다"(12,7). 그래서 그들은 그분을 붙잡아 죽이고 포도원 밖으로 내던졌다. 그분은 들짐승의 먹이가 되신다. 이것은 유다인 법에 따르면 "시신모독"(Grundmann 323)에 해당한다. 예수께서는 이 우화로 당신 적대자들의 행동을 폭로하신다. 이로써 예수께서는 마지막으로 "적대자들의 눈을 열어 주시고 당신을 없애려는 음모가 어떤 결과를 가져다주는지를 분명하게 깨닫게 하시어, 양심을 회복하고 자신들의 충동을 그만두기를"(Iersel 193) 시도하신다. 하지만 예수의 시도는 실패한다. 독자는 그들이 그분을 살해할 것이라는 것을 알고 있다. 그들은 예언자만이 아니라 하느님의 사랑하는 아들을 살해한다.

소작인 우화에 이어 짧은 우화가 소개된다. 예수께서는 여기서 제자들이 예루살렘에 입성할 때 찬미가로 불렀던 시편 118장을 인용하신다. 그분은 이 시편을 내적 자유로 해석하신다. 집짓는 자들이 버린 돌은 새 건물의 머릿돌이 된다. 이것은 낡은 성전이 예수의 죽음으로 무너지고 그 효력을 상실한다는 뜻이다. 예수의 죽음과 부활로 모든 사람에게 열려 있는 새 성전이 세워진다. 예수께서는 당신 죽음을 권세있는 적대자들에 의한 실패가 아니라 하느님의 행업으로 해석하신다. "주님으로 말미암은 일이라 우리 눈에는 놀랍도다"(12,11). 이 구절을 통해 마르코는 독자들의 눈을 열어 예수의 죽음과 부활에서 하느님의 놀라운 행업을 깨닫게 도와준다. 하느님께서는 대제관들이 배척하고 살해한 당신 아들을 버리지 않으신다. 하느님께서는 당신 아들에게 부활의 기적을 행하시고, 그를 성전의 머릿돌로 삼으신다. 그분은 예수 안에서 모든 백성을 위해 성전을 세우신다. 겉보기에 예수께서는 대제관과 율사와 원로들의 공격으로 모든 힘을 잃으신다. 그러나 실제로는 사랑받는 아들은 하느님 손길 안에 있다. 아무도 하느님의 뜻에 거역하며 그 아들을 제거할 수 없다. 적대자들의 외적 성공은 오히려 패배가 된다. 예수의 죽음은 제자들에게 구원의 원천이 되기 때문이다.

예수 그리스도께서는 당신의 죽음과 부활에서뿐만 아니라 그분의 가르침에서도 집짓는 자들이 버린 돌이시다. 악한 소작인 우화는 예수께서 당신 적대자들과 벌이시는 논쟁 사이에 들려주시는 이야기다. 그분은 갈릴래아 활동 중에는 사람들에게 권위있게 하느님에 관하여 가르쳐 주셨고, 하느님 나라의 신비에 관하여 비유로 말씀하셨다. 예루살렘을 향한 여정 중에는 당신 제자들을 여러 모로 가르쳐 주셨고, 특히 당신의 길인 십자가와 부활의 신비를 말씀하셨다. 예루살렘 체류 중에는 대제관과 율사와 원로들과의 논쟁(11,27-33 참조)을 통해 그들과는 명백히 다른 당신 영성의 기초에 관해 거론하신다. 예수께서 선포하시는 신앙은 세 기둥으로 지탱된다는 것이다. 첫째 기둥은 자유다. 인간은 하느님에게 속한 존재이지 황제에게 속한 존재가 아니다. 그러기에 황제는 인간에 대한 권한이 없다. 인간은 하느님의 형상이며, 그러기에 사람들의 의견에 따라 삶의 방향을 정하기보다는 하느님께 되돌아가, 자신의 모든 것을 그분께 내맡길 때, 자신의 본질에 따라 산다고 할 수 있다(12,13-17 참조). 둘째 기둥은 죽은 이들의 부활에 관한 신앙이다. 하느님께서는 "죽은 이들의 하느님이 아니라 산 이들의 하느님이십니다"(12,27). 우리는 죽음으로 말미암아 하느님과의 친교에서 멀어지는 것이 아니라 천사처럼 하느님을 끊임없이 바라보게 될 것이다. 셋째 기둥은 하느님과 이웃 그리고 자기 자신에 대한 사랑이다(12,28-34 참조). 이처럼 예수께서는 자유와 하느님께 속해 있음 그리고 사랑 등의 기초 위에 새 성전을 세우신다. 바로 그 성전에서 인간은 하느님께 가장 합당한 예배를 드릴 것이다.

종말에 관한 담론(13,1-37)

마르코는 예수의 수난에 앞서 복음서 전체에서 가장 길게 느껴지는 담론을 소개한다. 이 담론으로 마르코는 긴박하게 돌아가는 사건의 진행을 잠시 중단하고, 예수의 수난으로 이루어질 사건이 독자들의 시대에 의미하는 바를 밝힌다. 마르코는 이 담론을 의식적으로 독자들에게 들려줌으로써, 예수의 운명이 독자의 시대에 어떤 결과를 가져다주고 있으며 또한 많은 것이 예기되는 미래에 어떤 효력을 미치고 있는지도 제시한다.

예수께서는 올리브 산에서 이 담론을 들려주신다. 올리브 산은 에제키엘 11장 23절에 따르면 "야훼의 영광이 예루살렘을 떠난 뒤에 잠시 멈추어 머물렀던"(Iersel 202) 장소를 의미한다. 요세푸스 플라비우스 Josephus Flavius는 메시아가 예루살렘을 로마의 손아귀에서 해방하기 위해 올리브 산에 나타날 것이라고 말한다. 하느님의 영광은 성전을 떠나셨다. 이에 대해서는 예수께서도 증언하신다. 하지만 수난 중에 하느님의 영광은 다시 거룩한 도읍에 내릴 것이다. 이 세상은 예수의 십자가 죽음으로 심판을 받고, 예루살렘과 온 세상을 위해 하느님의 새로운 세상이 펼쳐질 것이다.

예수께서는 네 제자를 따로 불러 말씀하신다. 그들은 첫 번째 부르심을 받은 제자들이다. 예수께서 세상 종말에 관한 계시를 작은 그룹에게만 알리신 것은 묵시문학의 그것과 거의 유사하다. 묵시문학은 은밀하게 다루어졌고, 비밀집단에 속하는 몇몇 사람들에게만 전수되었다. 예수께서 담론을 통해 다루시는 주제는 세 가지이다. 그분은 제자들 가운데 작은 그룹에게만 세 가지 주제를 말씀하신다. 하지만 모든 인간에게 말씀하시는 것이다. 그러기에 마르코는 담론 가운데 직접 독자를 겨냥하여 이렇게 말한다. "읽는 이는 알아들으시오"(13,14). "이 말은 모든 사람에게 하는 말입니다. 깨어 있으시오"(13,37).

첫째 주제는 인자가 오기 직전 시기다(13,5-23 참조). 이 시기에는 많은 사람들이 예수 이름으로 나타나 "내가 그리스도다"(13,6)라고 말한다. 곧 거짓 메시아들이 나타나 갖가지 기적과 표징을 행함으로써 사람들을 혼란시키는 시기다(13,21-22 참조). 이는 어느 시대에나 나타날 수 있는 현상이다. 하느님에 관한 특별한 말씀을 알고 있다고 주장하는 사람들은 늘 있어 왔다. 자신들만이 진리를 선포하고 구원을 베풀 수 있다는 것이나, 스스로 구세주라 참칭하는 사람들이 우리 시대에도 많이 있다. 이들은 진리를 추구하는 많은 사람들에게 혼란을 야기시킨다. 예수께서 이런 거짓 메시아들에 관해 말씀하시는 때는 수난 직전이었다. 그러니까 그가 하느님의 이름으로 오는 자인지 아닌지 우리가 식별할 수 있는 중요한 기준은 십자가의 길이다. 만일 어떤 사람이 모든 문제를 해결해 주겠다고 장담한다면, 모든 것을 얻을 수 있는 길을 보여 주겠다고 장담한다면, 그는 참된 메시아가 아니다. 그는 십자가를 배제하는 거짓 메시아다.

사람의 아들이 오기 전에 나타나는 또 다른 현상들은 전쟁과 자연 재해다. 이런 현상들은 어느 시대에나 있다. 그러기에 마르코에게는 인자가 도래할 정확한 시기를 묻는 일이 중요하지 않다. 마르코에게 관건은 우리가 이 세상의 구체적 현실, 곧 전쟁과 온갖 박해에 대해 적절하게 행동하는 일이다. 예수께서는 우리에게 닥칠 환난의 시기에, 성령께서 우리와 함께 계실 것이며 무고하게 법정에 서 있을 때 해야 할 말을 일러주실 것이라고 약속하신다. 그리고 그분은 흔들리지 말고 확고하게 서 있으라고 당부하신다. "끝까지 견디는 사람은 구원받을 것입니다"(13,13). 마르코는 13장 9-13절의 말씀을 통해 제자들이 수난을 겪으신 예수처럼 같은 운명을 겪게 될 것이라고 암시하고 있다. 제자들은 총독과 임금들 앞에서 복음의 증인이 될 것이다. 구원하시고 사랑하시는 하느님 현존에 관한 기쁜 소식을 전하게 될 것이다. 제자들은 박해와 환난에 대해 어떻게 처신해야 하는지를 예수의 수난에서 배워야 한다.

13장 14-20절은 아직까지 주석가들 사이에서 논쟁이 계속되는 구절이다. 어떤 이는 예수께서 유다 전쟁을 겪고 있는 팔레스티나 사람들에게만 하신 말씀이라고 생각한다. 다른 이는 마르코가 예수의 말씀으로 인자의 도래 직전에 있을 환난의 참상을 묘사하기 위해, 사람들이 이미 겪은 유다 전쟁을 그 배경으로 이용하고 있다고 주장한다. 그닐카Gnilka는 "황폐의 흉물"이란 그 옛날 성전 제단에 세웠던 우상을 뜻하는 것이 아니라 반그리스도인을 뜻한다고 본다. 이런 해석에 걸맞게 이 구절들은 우리가 늘 겪는 고통들을 언급한다. 왜냐하면 인자는 우리에게 오시기 위해 늘 문 앞에 서 계시기 때문이다. 따라서 우리는 이런 상징을 우리 영혼을 위한 상징으로 이해할 수도 있다. 이 상징은 우리를 궁지에 몰아넣는 내적 어려움을 묘사하고 있다. 우리는 생명을 구하기 위해 그 내적 어려움을 멀리할 수 있다고 생각한다. 만일 우리를 내적으로 황폐케 하고 우리 영혼의 맑고 활기찬 상태를 더럽히는 흉물이 우리 영혼에 나타난다면, 우리는 더 이상 인내할 수 없다는 인상을 받는다. "주님이 그 날들을 줄여 주시지 않았더라면 어떤 사람도 구원받지 못할 것입니다"(13,20). 하지만 예수께서는 그 날들을 줄여 주시겠다고 우리에게 약속하신다. 그분은 우리가 기약없는 어려움을 겪는 것을 허락하시지 않을 것이다. 끊임없이 엄습하는 안팎의 어려움도 언젠가는 끝날 것이다. 예수께서는 이런 어려움과 곤경을 당신의 수난을 배경 삼아 말씀하신다. 그분에게 일어나는 것은 제자들에게도 일어난다는 것이다. 하지만 예수처럼 하느님께 대한 굳은 신뢰를 지닌 사람은 십자가의 어려움을 통해서도 하느님과 맺은 관계를 상실하지 않는다.

24-27절에서 예수께서는 인자의 오심에 관하여 말씀하신다. 인자는 그분 자신을 지칭한다. 십자가에서 죽으신 그분은, 예언자 다니엘이 이스라엘 백성에게 인자의 내림 때의 일을 약속했던 것처럼(다니 7,13 참조), 하느님에 의해 영예를 다시 회복하게 된다. 지금까지 예수께서는 인자로서 당신 자신에 관하여 항상 수난과 관련지어 말씀하셨다. 이제는 당신 자신을 하느님에 의해 부활할 존재로 말씀하신다. 인자는 모든 사람을 위해 권능과 영광을 갖추고 오실 것이다. 인자의 내림에 관련된 여러 특징들은 당시에 널리 행해졌던 것처럼 묵시문학의 언어로 전해지고 있다. "그 무렵, 재난에 뒤이어 해가 어두워지고 달이 제 빛을 내지 않으며, 별들이 하늘에서 떨어지고 하늘에 있는 권세들이 흔들릴 것입니다"(13,24-25). 드

레버만Drewermann이 그랬듯이 우리는 이 상징들을 견디기 힘든 곤경에 빠진 영혼의 모습으로 이해할 수 있다. 태양을 어둡게 하고 별을 영혼의 지평에서 떨어지게 하는 사람들이 있다. 우울증으로 인해 자신의 마음속에 태양이 없고 어둠만 있다고 생각하는 사람이 많다. 늘 파국적인 입장만을 견지하는 사람들이 있다. 이들은 모든 것이 파멸할 것이라는 느낌에서 좀처럼 벗어나지 못한다. 이들은 아주 하찮은 것에 자신들의 희망을 두었다. 이들이 일전에 크게 기뻐했던 그것은 지금 아무런 기쁨도 주지 못한다. 이들에게는 모든 것이 어둡다. 이들의 생각은 늘 멸망과 파괴에서 벗어나지 못한다. 이들은 불안을 조장하기 위해 인간이 공포심을 느낄 만한 모든 것을 열거한다. 이들은 변함없이, 앞으로는 3차 세계대전 같은 더 무서운 일이 일어날 것이라고 말한다. 그러나 이런 진술들은 실제 세계의 상태에 관하여 말하기보다는 오히려 그들 영혼의 상태에 대해 말하고 있는 것이다. 이들에게서는 삶의 희망을 전혀 찾아볼 수 없으며, 모든 것이 멸망의 늪으로 빠져들고 있다는 고정적 불안만을 찾아볼 수 있다.

하지만 건강한 사람의 영혼에 갑자기 들이닥쳐 모든 것을 어둡게 하는 외적인 위협 사건들도 있다. 예를 들어 사랑하는 사람을 잃었을 때 기쁨이 사라진다. 그들은 웃을 수 없다. 깊은 슬픔 중에는 대낮에 밝은 태양을 볼 수 없고, 밤에는 달도 볼 수 없다. 희망의 표징인 별이 하늘에서 떨어진다. 그리고 내적 힘은 완전히 동요한다. 이런 상황에서 인자는 큰 권능을 갖추고 오실 것이다. 그분은 어두운 영혼을 당신의 빛으로 비추어 주실 것이며, 파괴적인 모든 세력을 영혼에서 몰아내실 것이다. "그때 인자가 천사들을 보내어, 땅 끝에서 하늘 끝까지 사방에서 뽑힌 이들을 모을 것입니다"(13,27). 인자이신 예수께서는 구원된 모든 사람을 모으실 것이다. 온 세상에 흩어져 사는 그리스도인들은 구원된 공동체를 이룰 것이다. 하지만 이 말씀을 어떤 내적 사건의 묘사로 이해할 수도 있다. 예수께서는 내 안에 흩어져 있는 것들을 모아 하나로 만드실 것이다. 그분은 충격을 받고 분열되어 어둠 속에 흩어져 있는 내 영혼의 부분들을 하나로 모으실 것이다. 희망을 잃고 우울증에 빠진 사람이 모든 것을 포기해야 하는 상황은 앞으로 없을 것이다. 큰 환난을 당할 때에 구원자가 오신다. 횔덜린은 이를 분명하게 의식했다. "위험이 도사리고 있는 곳에는 구원하는 것도 일깨워진다." 여기서 다시 한번 분명히 드러나는 점은, 마르코가 종말에 관한 예수의 담론을 의식적으로 수난 직전에 거론했다는 것이다. 십자가에서 어둠은 태양을 가릴 것이다. 그리고 바로 이런 어둠 속에서 예수께서는 십자가를 통해 빛을 발산하신다. 그분은 모든 어둠을 밝히시는 참된 태양으로서 부활하신다. 그러니까 십자가는 우리에게 이렇게 말한다: 십자가에 죽으시고 부활하신 인자의 오심을 통해서도 구원할 수 없는 영혼의 재앙·실패·몰락·어둠이란 있을 수 없다.

담론의 마지막 부분에서 예수께서는 우리에게 당신의 오심을 준비하는 태도를 알려 주신다. 제자들은 무화과나무로부터 인자의 내림이 가까이 다가온 것을 배워야 한다. 하지만 인자가 오시는 정확한 시간은 아무도 모른다. 아들도 모른다. 그러기에 제자들도 내림의 정확한 시간을 고려할 필요가 없다. 인자는 늘 문 앞에 서서, 우리로 하여금 당신을 맞아들이도록 문을 두드리신다. 우리가 인자의 내림에 대해 취해야 할 태도는 깨어 있음이다. 우리가 어떻게 깨어 있어야 할지 예수께서는 다음 비유를 통해 설명하신다. "그것은 여행가는 집주인의 경우와 같습니다. 그는 떠나면서 종들에게 권한을 주어 각자 할 일을 맡기고 문지기에게 깨어 있으라고 명령했습니다"(13,34). 옛 수도승들은 문지기라는 상징을 매우 좋아했다. 에바그리우스 폰티쿠스Evagrius Ponticus는 어떤 편지에서 우리는 좋은 문지기가 되어야 한다고 경고한다. 우리는 우리 마음에 들어오려고 문 앞에 있는 모든 생각에 대해, 그것이 우리에게 속한 생각인지 아닌지, 우리에게 유익한지 해로운지 물어야 한다. 예수께서는 모든 그리스도인을 위해 문지기라는 상징을 사용했다. 문지기의 과제는 주인을 영접할 수 있기 위해 깨어 있는 일이다. 예수께서는 이 상징의 의미를 직접적으로 우리 모두에게 밝혀 주신다. "그러니 깨어 있으시오. 집주인이 언제 올지, 그때가 저녁일지, 한밤중일지, 닭이 울 때일지 혹은 새벽일지 모르기 때문입니다"(13,35). 여기서 마르코는 로마인들이 구분한 네 가지 밤 시간을 주님께서 내림하실 가능성이 있는 시점으로 받아들인다. 그때에 예수께서는 우리에게 문을 두드리시기 위해 오실 것이다. 그분은 우리 마음의 고요 중에 오시어 우리 여정을 깨우쳐 주실 것이다. 그리고 그분은 죽음의 순간에 오시어 영원히 우리 곁에 머무르실 것이다.

예수께서 여기서 모든 제자들에게 기대하시는 것은 깨어 있는 일이지 잠을 자는 일이 아니다. 그러나 주님께서 게쎄마니 동산에서 드리신 당신의 힘든 기도에 동행하도록 선택하신 세 제자는 그 기대를 채우지 못한다. 그들은 잠을 잔다. 따라서 주님의 이 말씀은 세 제자들의 배반을 고려할 때 더욱 진지하게 들린다. 제자들인 우리도 깨어 있어야 한다. 마르코는 여기서 "깨어 있다"를 뜻하는 두 단어를 사용한다. 잠자지 않음을 뜻하는 "아그륍네이테"*agrypneite* 와 눈 뜨고 있음을 뜻하는 "그레고레이테"*gregoreite*가 그것이다. 우리는 너무 많은 잠에 빠져 있다. 우리는 아주 의식적으로 삶을 영위하고 있다고 생각한다. 하지만 실제로 우리는 그저 그렇게, 마치 잠을 자고 있는 듯이 살고 있다. 우리는 삶에 대한 환상을 스스로 만들고 그 환상에 빠져 있다. 예수께서는 잠에 떨어지지 말고, 잠에서 깨어나 매일매일을 의식적으로 살라고 경고하신다. 둘째 단어는 닫혀진 우리 눈에 관련되어 있다. 우리는 있는 그대로를 바라보지 않으려 한다. 우리는 실재에 대해 눈 감고 있고, 늘 우리 마음의 문을 두드리시는 주님의 현존에 대해 눈 감고 있다. 우리는 계명을 지키고 악을 피하는, 이른바 제법 무난한 삶을 살고 있다고 생각한다. 하지만 그리스도인의 존재는 깨어 있는 존재를 뜻한다. 실재를 바라볼 수 있도록 눈 뜨고 있는 존재를 가리킨다. 그리고 실재는 주님의 내림에 의해 각인되어 있다. 깨어 있는 존재는 기다리는 존재이다. 우리는 주님의 오심을 기다리는 사람들이다. 주님께서 오시면, 우리는 진정으로 집에 온전히 머물 것이다. 우리의 집은 그리스도께서 친히 서주하시기 때문에 진정한 고향이 된다. 주님께서 오실 때까지 각자는 예수께서 맡겨주신 일을 행해야 한다. 하지만 "깨어 있으시오"(13,37)라는 경고는 모든 사람에게 해당된다. 예수의 이 말씀으로 마르코는 독자를 수난으로 인도한다. 독자는 열린 눈으로 복음사가가 예수의 수난사건에서 선포하는 메시지를 바라보아야 한다. 그럴 경우 그는, 예수께서 악한 인간의 모든 영역 안에 깊이 들어가시어 하느님과 맺은 깊은 결속을 통해 모든 악을 이기셨다는 것을 깨닫게 된다. 그리고 십자가에 죽으시는 예수께서, 모든 사람을 심판하고 당신을 기다린 사람에게 영원한 생명을 주시기 위해 언젠가 하늘에서 구름을 타고 오실 분이라는 것을 깨닫는다.

수난 사화(14-15장)

마르코 복음은 수난 이야기에서 절정에 이른다. 예수의 활동은 수난을 지향하고 있다. 마르코 복음 전체는 수난 이야기에서 해명된다. 제자들의 몰이해도 예수의 수난에서 절정에 이른다. 그리고 예수와 어둠의 세력 사이의 논쟁도 십자가의 여정에서 극에 달한다. 이 여정에서 악령들은 모든 힘을 드러내 보인다. 하지만 악령들이 예수의 죽음으로 말미암아 승리하는 것처럼 보이는 바로 그곳에서 패배한다. 그리고 바로 이 죽음에서, 구원하시는 하느님의 권능에 대한 예수의 철저하고도 절대적인 신뢰를 엿볼 수 있다. 예수께서는 당신 아버지의 사랑을 조건없이 신뢰하신다. 아버지의 이 사랑은 십자가의 신비 안에서 계시되고, 부활을 통해 입증된다. 예수께서는 극도의 자기 낮춤으로 하느님의 아들로 현양되신다. 따라서 마르코는, 예수께서 십자가 위에서 하느님의 영광을 받으신다는 요한 복음의 신학을 미리 전개하고 있는 셈이다.

마르코 복음에서 예수의 죽음에 관한 많은 암시들을 세심히 살피면 마르코가 전하는 수난 사화의 깊은 의미를 깨달을 수 있다. 첫째 암시는 한쪽 손이 오그라든 사람의 치유 이야기에 담겨 있다(3,1-6 참조). 여기서 예수께서는 "선한 일을 하고 목숨을 구하는 일"이 당신의 일임을 밝히셨다. 바리사이처럼 율법을 문자 그대로 지키면서 병들고 상처 입은 사람을 돌보지 않는 사람은 궁극적으로는 악을 행하고 목숨을 죽이는 셈이다. 예수께서 "선을 행하시고 목숨을 바치면서까지 인간의 생명을 지키셨다"(Schreiber 151)는 것은 십자가에서 드러난다. 예수의 수난에서 바리사이들은 뒤로 물러난다. 대제관과 율법학자들만 남아서 예수를 죽일 방도를 찾는다(14,1 참조). 하지만 그들의 모든 악행은 "하느님의 뜻을 무조건적으로 신뢰하는 예수의 마음을 무너뜨리지 못한다. 하느님의 뜻은 예수에게 죽음의 사신이었던 원수들이 죽음에 이르기까지 이기적인 마음으로 악행을 행하도록 조장했던 두려움보다도 더 강하다"(Schreiber 151).

나는 모든 수난 장면을 상세히 다루기보다는 마르코가 전하는 수난 사화의 중요한 특징들만을 제시하는 것으로 만족하고 싶다. 마르코는 수난 사화를 첫 번째로 다룬 인물이다. 이로써 그는 다른 복음사가들에게 수난 사화의 기초를 놓아 준 셈이다. 마르코에게 수난 사화는 예수의 신비를 해명하는 열쇠다. 우리가 예수의 성공적인 갈릴래아 활동을 지체없이 언급되는 예수의 수난 여정과 함께 바라볼 때, 그분이 어떤 분이셨고, 또 오늘날 우리에게 어떤 분이신지를 이해할 수 있다. 그분은 당신 가르침에 목숨을 내놓는 스승이시다. 그분은 당신 목숨을 투신함으로써 병자를 치유하신다. 그리고 그분은 악의 세력과 싸움을 받아들이시는 하느님의 아들이시다. 인간을 더럽히는 모든 세력에서 인간을 해방하시는 분이시다. 이 싸움은 그분을 이 세상의 가장 어두운 곳, 곧 증오와 편협의 장소로 이끈다. 그분 적대자들의 좁은 마음은 예수의 넓은 마음을 감당해낼 수 없었고, 세상에서 제거하려 했다. 하지만 하느님께서는 예수께서 선포하신 하느님상을 인정하신다. 하느님께서는 죄인들과 병자들을 위해 넓은 마음을 지니셨던 예수를 부활하게 하실 것이고, 부활로 새 생명을 베풀어 주신다.

마르코는 베다니아의 도유 사건으로 예수의 수난 이야기를 시작한다. 이름을 알 수 없는 어떤 여인이 예수께 향유를 발라드리는 사랑을 보인다. 그 여인은 값비싼 향유가 든 옥합을 깨뜨려서 예수의 머리에 기름을 바른다. 옥합을 깨뜨리는 행위 자체는 옥합이 다른 목적으로 사용될 수 없음을 암시하고 있다. 그리고 이것은 십자가의 죽음에서 예수의 몸이 부수어진다는 것을 상징하고 있다. 그 십자가의 죽음에서 그분 사랑의 향기는 온 세상을 가득 채울 것이다. 제자들은 이를 낭비라고 생각했다. 그래서 여인에게 아주 심한 말을 한다. 그러나 예수께서는 그 여인을 보호하는 입장을 취하신다. 그녀는 예수께 기름바름으로 사랑을 드러냈기 때문이다. 그분은 여인의 행위를, 당신 장례를 위한 도유와 메시아의 도유로 이해하신다.

예수께서는 유다인의 메시아 기대 사상을 실현하지 않으신다. 그분은 오히려 죽음을 통해 메시아가 되신다. 메시아이신 그분은 수난 중에 인간에게 당신의 모습을 완전히 감추신다. 그분은 인간에 의해 멸시받고 모욕당하신다. 그러나 십자가에서 그분이 어둠의 세력을 굴복시키는 승리가 쟁취될 것이다.

예수께서는 자기 자신에 갇혀 몰이해를 거듭하는 제자들과 사랑의 마음으로 가득 찬 여인들 사이에서 수난 여정에 임하신다. 수난 초기에는 한 여인의 사랑이 자리하고 있다. 그리고 수난 마지막에는 다시금 십자가에 가까이 다가와서 일어나는 사건을 바라보는 세 여인이 등장한다. 예수께서는 이 여인들에게 자신들의 행동이 온 세상에 기억될 것이라고 약속하신다. 그분은 "아멘"으로 여인을 칭찬하기 시작하신다. 수난 사화에서 "아멘"은 특히 중요한 의미를 지닌다. 이 단어는 인간이 이해할 수 없는 수수께끼 같은 사건에 쓰기 적합하다. 왜냐하면 예수께서는 그런 사건의 참된 의미를 "아멘"으로 밝혀 주시기 때문이다. 그분은 "아멘"으로 항상 "천상적 현실이 지상적 사건으로"(Grundmann 378) 개입하고 있음을 암시하신다. 그러니까 여인의 구체적 행동은 지상에서 수난 여정을 걷는 예수에게 하느님의 영광이 개입하고 있음을 암시하고 있다. 여인은 예수의 비참한 죽음 속에 감추어져 있는 배경을 드러낸다. 값비싼 순 나르드 향유의 낭비는 온 세상을 새로운 향기로 가득 채우는, 십자가에서 낭비하고 있는 예수의 사랑을 상징하고 있다. 제자들이 예수의 수난 중에 맹인으로 머물러 있으면서 그분을 배반하고 마침내 그분을 홀로 있게 한 반면, 여인들은 수난의 시작부터 마지막까지 예수를 동행한다. 여인들은 남자들보다 예수의 무한한 사랑인 이 신비에 더 가까이 서 있다. 남자들은 오히려 예수의 수난 여정을 방해한다.

마르코가 묘사한 수난 사화의 특징 가운데 하나는 앞일을 내다보시는 예수의 능력이다. 예수께서는 당신에게 일어날 일을 아신다. 그분은 앞을 내다보신다. 그분은 수난을 예고하셨다. 이제 하느님의 뜻이 이루어진다. 적대자들이 원하는 대로 예수의 운명이 걷잡을 수 없는 국면에 이르는 것처럼 보일지라도 하느님의 뜻이 이루어진다. 적대자들은 하느님께서 허용하시지 않으면 아무것도 행할 수 없다. 그리고 궁극적으로는 모든 것이 하느님의 뜻대로 된다. 성서의 말씀은 실현되고, 예수께서는 메시아로서 의식적으로 무능의 상태를 받아들여, 무능을 권능으로 바꾸신다. 그분은 당신 자신을 적대자들의 손에 넘겨, 당신 죽음을 통해 적대자들을 굴복시키신다. 그분은 짙은 어둠과 악 속에 과감히 들어가셔서 그 어둠과 악을 심판하신다. 곧 그 어둠과 악을 폭로하고, 당신 사랑을 통해 어둠을 밝히고 무력화시킨다.

많은 주석가들은 마르코가 전승되어 오던 단편들을 단지 수집해 놓있을 뿐이리고 생각한다. 하지만 우리는 마르코의 작가적 활동과 신학적 활동을 얕잡아 보아서는 안 된다. 마르코는 사건을 설명함으로써 구원을 선포한다. 그리고 사건을 설명하면서도 마르코는 정확한 연대를 언급한다. 마르코만큼 정확한 날짜와 시간을 언급하며 수난 이야기를 들려주는 복음사가도 없다. 정확한 시간의 소개도 신학에 나름대로 기여한다. 마르코는 설명된 사건의 의미를 밝히기 위해 굳이 성서를 인용하지 않는다. 그는 단지 성서의 진술이 실현되었다는 식으로만 사건을 설명할 뿐이다. 시편 22장과 69장, 이사야 53장이 그 대표적 예다. 마르코는 단 두 번만 성서의 구절을 직접적으로, 그것도 예수의 입을 통해 인용한다. 곧 예수께서는 즈가리야 예언서를 인용하여 제자들의 도주를 예고하신다. "내가 목자를 치리니 양들이 흩어지리로다"(14,27). 그리고 십자가에서 시편 22장의 말씀으로 기도를 바치신다. "나의 하느님, 나의 하느님, 어찌하여 나를 버리셨습니까?"(15,34). 이 두 말씀은 수난을 암시하고 있다. 첫째 말씀은 예수께서 군중들이 하느님을 목말라하는 것을 들었을 때 느꼈던 측은한 마음과 관련되어 있다. 그분은 군중들이 목자 없는 양떼와 같다고 느끼셨다. 수난으로 목자가 맞아죽으면 양떼는 뿔뿔이 흩어진다. 하지만 예수께서는 죽음을 통해 참된 목자가 되시어, 흩어진 양들을 다시 모으시고 푸른 풀밭에 인도하실 것이다. 시편 22장의 말씀은 당신의 죽음을 버림받은 죽음으로 암시함과 동시에 신뢰 속에서 맞이하는 죽음으로 암시하고 있다. 왜냐하면 버림받음에도 불구하고 하느님께 향하는 사람은 이미 그 버림받은 저주를 이겨내고 있기 때문이다. 예수께서는 죽음 속에서도 하느님을 신뢰하며 모든 불안을 이겨내시고, 하느님과의 긴밀한 일치로 버림받은 모든 저주를, 당신의 운명일 뿐만 아니라 우리 모두의 운명이기도 한 그 저주를 이겨내신다.

마르코는 여인이 예수의 머리에 향유를 발라드리며 사랑을 표현했던 그 바리사이 시몬의 집에서 예수께서 식사를 마치신 다음 또 다른 만찬에 참여하셨다고 전한다. 그것은 제자들과 함께하셨던 최후만찬이다. 마르코는 이 만찬을 예수께서 제자들과 함께 하느님의 크신 업적을 기억하는 과월절의 만찬으로 생각한다. 이 만찬에서 예수께서는 빵을 나누고 축복의 잔을 함께 나누어 마시는 의식을 새롭게 해석해 주신다. 그분은 나누어진 빵을 당신 자신과 동일시하신다. 그분은 십자가에서 죽으심으로써 당신 자신을 제자들을 위해 바치신다. 그분의 사랑은 그분의 몸이 부수어지는 행위에서 절정에 달한다. 제자들은 빵을 함께 나눔으로씨 그분의 사랑에 다시 깊이 참여하게 될 것이다. 예수께서는 빵이 당신 몸이라고 가르쳐 주신 다음 이렇게 말씀하신다. "받으시오. 내 몸입니다. 나는 있는 그대로의 나를 그대들을 위해 바칩니다. 나는 그대들을 위한 빵이며, 이 빵은 그대들의 양식입니다. 죽음으로 나의 몸은 그대들을 위해 부수어질 것입니다. 이는 그대들의 삶이 부수어지지 않기 위함입니다." 예수께서는 포도주를 당신의 피로, 많은 이들을 위해 흘리는 계약의 피로 해석해 주신다. 많은 현대인들은 예수께서 우리에게 당신 피를 마시라고 주셨다는 것에 대해 의아하게 받아들인다. 그러나 피는 유다인의 전통에 따르면 인격적 의미를 지니고 있다. 피는 죽음 속에 자기 자신을 내던지는 사람을 가리킨다. 그러니까 자기 자신을 희생하는 사랑을 상징한다. 예수께서는 당신 피와 계약을 연결하시고, 십자가의 죽음으로 새로운 계약을 맺으신다. 그분의 죽음은 모든 사람을 구원하는 힘을 지니고 있다. 모든 사람은 하느님의 계약에 참여하도록 초대받았다. 잔을 마신다는 것은 계약에 참여한다는 표지다. 예수께서 많은 사람을 위해 돌아가신 십자가 죽음을 통해 서로 다른 나라와 문화 속에 살던 모든 사람은 예수 안에서 하나의 공동체를 이룬다. 공동체가 주일마다 서로 빵을 나누고 같은 잔을 마신다면, 공동체는 십자가에 죽으시고 부활하신 주님께서 그들 한가운데 계심을 체험하고, 자신들을 위해 당신 몸을 바치셨던 그분 사랑에 동참하는 것이다. 최후만찬은 그리스도교 공동체로 하여금 자신들의 뿌리가 예수의 희생적 죽음에 있다는 것을 항상 상기시킨다. 예수의 그 죽음으로 어둠의 세력이 결정적으로 극복되었기 때문이다.

제자들의 몰이해도 마르코 복음에서는 수난 이야기에서 절정에 달한다. 어떤 여인이 값비싼 나르드 향유를 예수께 발라드렸을 때 몇몇 제자들은 이를 낭비라고 비난했다. 최후만찬에서 제자 가운데 하나가 예수를 배반할 것이라고 예고된다. 게쎄마니 동산에서 제자들은 깨어 있지 못하고 잠을 잔다. 예수께서는 중요한 세 제자들을 따로 데리고 가시어 기도하는 당신 자신의 주변을 잘 지키도록 하신다. 그분은 당신께서 기도하는 동안 그들에게 깨어 있으라고 당부하신다. 하지만 그분은 세 번씩이나 그들이 잠자고 있는 모습을 발견한다(14,32-42 참조). 그들은 예수를 홀로 있게 한 것이다. 예수와 함께 죽을 각오가 되어 있다는 베드로의 장담에도 불구하고 그는 예수의 운명을 지켜드리지 않았다. 그렇지 않고서야 그가 어떻게 잠을 잘 수 있었단 말인가! 제자들의 잠은 마르코에게 늘 깨어 있으면서 지금 문제가 되고 있는 바를 인식하기보다는 늘 자기 자신과 자신의 관심사에만 맴돌고 있는 그리스도인을 상징한다. 하지만 게쎄마니 동산에서 관건은 예수의 운명에 대해 아랑곳하지 않는 태도가 절정에 달하는 제자들의 깊은 잠만이 아니라, 불안에 떠는 예수의 모습도 관건이다. 그분은 불안과 공포에 완전히 사로잡히신다. 수난 초기에 마르코는 예수를 모든 것을 미리 내다보는 분으로 묘사한다. 여기서 그분은 지극히 인간적이고 평범한 모습으로 묘사된다. 죄인의 손에뿐만 아니라 악의 세력에 넘겨지시는 분으로 묘사된다. 그분은 불안한 나머지 하느님께 피신하신다. 하지만 기도 중에서도 그분은 홀로 있게 된다. 제자들의 도움도 없이 그분은 사랑의 무능 속에서 악의 세력을 물리치기 위해 무능의 그 길을 외롭게 걸어야 한다.

예수께서는 체포되셨을 때 당신 제자들 가운데 하나가 우정의 표시인 입맞춤을 당신께 하는 것을 겪으신다. 마르코는 유다의 입맞춤을 "격렬한 입맞춤"(카타필레인 *kataphilein*)이었다고 지적한다(14,45). 유다는 매우 다정하게 입을 맞추었지만, 그 다정함 이면에는 음모가 숨어 있다. 그 입맞춤은 유다가 예수를 붙잡으려는 사람들과 짠 암호로 이용된다. 우리는 이 입맞춤에서 예수께서 받았을 깊은 상처를 쉽게 상상할 수 있다. 입맞춤은 사랑의 표현만이 아니라 배신의 표현이기도 하다. 친구로부터 배신당한 사람은 예수의 운명 안에서 자기 자신을 찾아볼 수 있고, 그런 깊은 상처 중에서도 배신당하신 예수와 하나임을 체험할 수 있을 것이다. 예수께서 체포되신 후 제자들은 다 도망간다. 예수께서 친구들에게 버림받고 양 떼가 흩어지고 목자는 죽을 것이라는 성서 말씀이 그대로 이루어진 것이다. 이때 한 젊은이만이 예수를 추종하고 그분 곁에 있기를 원한다. 하지만 포졸들이 그를 붙잡자 옷을 버리고 알몸으로 달아났다. 그는 옷을 벗어 알몸이 되었고, 그래서 목숨을 구한다. 우리는 이 젊은이에게서 우리 자신의 모습을 깨달을 수 있다. 우리도 예수 곁에 있고 싶고 예수를 추종하기를 원한다. 하지만 생명의 위험이 닥치자마자 우리는 벌거벗은 우리의 알몸을 구한다.

예수께서는 대제관들과 백성의 원로들 앞에 끌려가 심문받으신다. 모든 고소인들은 한자리에 모였지만, 그 증언들이 서로 일치하지 않는다. 이 심문은 한 대제관이 일어나 예수께 다음과 같이 질문하는 데서 절정에 이른다. "아무 대답도 하지 않소? 이 사람들이 얼마나 불리한 증언을 하고 있소?"(14,60). 하지만 예수께서는 침묵하신다. 그분은 참된 대사제이시다. 그분은 당신에게 주의를 주는 사람보다 뛰어난 존엄을 지니고 계시다. 그런 다음 대제관은 다시 묻는다. "당신이 찬양받으실 분의 아들 그리스도요?"(14,61). 여기서 예수에게 중요한 두 칭호가 언급되고 있다. 마르코는 이 두 칭호를 세례사건 때, 그리고 거룩한 변모사건 때 이미 언급한 바 있다. 예수께서는 유다 백성의 책임있는 사람들 앞에서 공식적으로 이 칭호를 인정하신다. 하지만 예수께서는 대답 중에 당신이 "전능하신 분의 오른편에 앉아 있고 또 하늘의 구름에 싸여 오는 것"(14,62)을 볼 것이라고 말씀하신다. 역할이 바뀐다는 것이다. 피고인이 심판자가 된다. 그분은 지금 재판받고 계시지만, 세상 마지막 날에는 하느님에 의해 세상을 다스리는 권좌에 앉아 심판자로 오실 것이다. 그런 다음 그분은 참된 권능을 보여 주실 것이고, 고발자들이 부당하게 판단했던 것을 다시 바르게 돌려놓으실 것이다. 그분은 세상을 심판하신다. 곧 세상을 하느님의 뜻에 따라 질서있게 만드실 것이다. 고발자들이 자신들의 역할을 오·남용했다는 것을 마르코는 그들의 이런 행동에서 지적한다. "더러는 침을 뱉고, 얼굴을 가리고는 때리며 '알아맞추어 봐라' 하였다"(14,65).

제자들의 배반은, 으뜸제자 베드로의 배반으로 절정에 달한다. 그는 외적으로 그리 위험하지 않은 상황에서 예수를 배반한다(14,66-72 참조). 한 하녀가 베드로에게 말을 건다. 베드로는 적절하지 못한 반응을 보인다. 그는 예수에 관해 아무것도 알기를 원치 않으면서 예수만을 배반하는 것이 아니라 갈릴래아 사람들도 배반한다. 그는 그들과 아무것도 함께하길

원하지 않는다. 갈릴래아 동료들은 그리스도교 공동체를 상징한다. 베드로는 적대자들 가운데서 불을 쬐고 있다. 이는 그의 내적 태도를 상징한다. 그는 예수의 제자로서 주목받는 것만이 아니라 사람들 곁에서 사랑받기를 원한다. 예수께서 적대자의 손에 넘겨진 상태에서도 하느님을 철저히 신뢰하는 동안, 베드로는 적대자들 속에서 비겁하게 행동함으로써 자신의 정체를 겁많은 인물로 드러낸다. 그는 예수께 거리를 둘 뿐만 아니라 그분을 원망한다. 하지만 닭이 두 번째 울었을 때, 베드로는 자신의 배반을 후회하고 울기 시작한다.

이제 예수께서는 당신의 길을 홀로 가셔야 한다. 그분을 죽이기로 결정한 대제관들은 그분을 총독 본시오 빌라도에게 넘긴다. 잔인한 빌라도가 예수의 죽음에 대한 책임을 대제관들에게 전가함으로써 마음의 가책을 덜 받으려고 했다는 것을 마르코는 복음서에서 묘사한다. 로마인들에게는 축제 때마다 죄수 하나를 석방하는 관례가 있었다. 빌라도는 유다인들에게 예수를 풀어 주자고 제안한다. 하지만 대제관들은 백성을 선동하여 살인자 바라빠를 풀어 달라고 한다. 예수를 십자가형에 치해야 한다는 것이다. 바라빠는 아버지의 아들이란 뜻이다. 이 이름은 깊은 의미를 지니고 있다. 이 이름은 우리 모두를 지칭하고 있다. 왜냐하면 우리는 한 분 아버지의 자녀들이기 때문이다. 예수께서 죽으시어 우리 모두가 자유롭게 되는 것이다. 그분의 죽음은 우리를 대신하고 있는 것이다. 바라빠가 죽음을 면하게 된 것처럼 우리도 죽음을 벗어나게 되었다. 하지만 예수께서는 우리의 죽음을 당신의 것으로 삼으시어 우리를 살 수 있게 하신다.

마르코는 십자가에 달리신 예수님 모습을 매우 간략하게 묘사한다. 하지만 그는 시각을 알려 준다. "때는 오전 아홉 시(제3시)였다"(15,25). 십자가에 달리신 예수께서 지나가던 군중과 대제관과 율법학자들, 함께 십자가에 못박힌 두 강도에게 모욕을 당하신 다음, 마르코는 다시 한번 시간을 알려 준다. "정오(제6시)가 되자 어둠이 온 땅을 덮더니 오후 세 시(제9시)까지 계속되었다"(15,33). 세 시간 단위의 구조는 상징적으로 언급된 것이 분명하다. 곧 시간의 절정을 묘사하고 있다. 그러니까 이 시간은 우리 인간의 시간이 끝에 이르는 거룩한 시간, 신적 시간을 뜻한다. 세 시간 단위의 구조는 묵시문학 작품에서는 이미 널리 알려져 있다. 묵시문학 작품은 하느님께서 이 세상의 끝을 마련하시어 하느님의 세계가 오게 하신다고 말한다. 이런 시간 구조를 심리학적으로도 해석할 수 있다. 모든 별 — 희망 — 이 하늘에서 떨어지고 우리 영혼의 대지가 어두워지면, 우리 영혼이 자주 감지하는 내적 재앙은 하느님께서 우리 영혼에서 창조하시는 새로운 것의 표징이 된다. 하느님께서는 우리의 낡은 부분을 죽게 하시어, 우리의 새로운 것과 분명한 것 그리고 거룩한 것이 부활하게 하신다. 십자가에서는 지금까지 우리 삶이 보유하고 있던 모든 것이 무너진다. 낡은 삶의 기준과 태도가 무너지는 것은 신적인 것이 이 세상에 개입하고 악한 세력을 무력화시키기 위한 전제조건이다.

바로 이 사실을 마르코는 예수께서 십자가에 달리셨을 때 일어났던 놀라운 두 사건을 통해서 표현한다. 온 땅을 덮은 어둠은, 이 세상에 대한 하느님의 심판이 여기서 일어났다는 것을 표현한다. 세상은 어두워진다. 태양은 떨어진다. 참된 태양이신, 하느님의 아들 그리스도께서 십자가에 달리기 때문이다. 어둠은 예수께서 일생을 바쳐 저항하셨던 것, 곧 인간의 마음을 어둡게 하는 악령의 권세를 드러낸다. 예수께서 십자가에서 죽음과 싸우시는 동안 온 세상을 덮은 어둠은, 그분의 죽음이 우주적 차원에서 효력을 지니며 온 세상이 그 죽음에 영향받고 있음을 표현하고 있다. 예수께서는 십자가에서 어둠과 대결하신다. 아홉 시쯤 그분이 죽으셨을 때, 어둠이 드디어 물러난다.

우리는 이를 어떻게 이해해야 하는가? 한 인간이 겪는 극도의 고통은 그가 무엇과 대결해야 하는지를 종종 보여 준다. 예수께서는 당신 자신의 삶의 태도와 대결하시는 것이 아니라, 온 세상을 위협하는 악마의 세력과 싸우신다. 그분은 온전한 신뢰로 하느님께 의탁하심으로써 어둠의 세력, 의심과 불신의 세력, 죄의 권세를 이겨내신다. 한 인간이 임종하는 순간에 빛의 천사와 어둠의 천사가 그의 영혼을 둘러싸고 서로 싸운다는 전설이 있다. 초기 수도승들은 의식적으로 악마의 장소인 광야에 갔다. 이는 악마가 권세를 마음껏 떨치는 광야에서 악마를 이겨내기 위해서였다. 예수께서는 의식적으로 십자가에 오르시어, 하늘과 땅 사이에 달린 채 악마를 무력하게 하시고 이를 통해 인간을 해방하신다. 인간의 마음속에서 가장 짙은 어둠이 기승을 부리는 그곳에, 인간이 가장 버림받았다고 느끼는 그곳에 예수께서는 기꺼이 다가가신다. 큰 곤경에 빠진 인간을 치유하시고, 어둠의 세력에서 해방하시기 위해서다.

악마의 어두운 세력에 대한 예수의 승리는 그분의 부르짖음에서 잘 표현된다. "나의 하느님, 나의 하느님, 어찌하여 나를 버리셨습니까?"(15,34). 예수께서는 죽음의 극한 어둠 속에서도, 모든 인간에게서 버림을 받는 상황에서도 당신의 하느님께 온전한 신뢰로 의지하고 계시다. 시편 22장은 고통받는 의인의 승리 노래이다. 따라서 예수께서는 버림받은 상태가 아니라 하느님께 대한 온전한 신뢰로 생을 마감하신다. 그 하느님께서는 시편이 표현하는 것처럼 좋은 결말을 가져다주신다. 부르짖는 기도를 드리신 다음 그리고 곁에 있는 사람들이 반응을 보인 다음 예수께서는 다시 한번 큰 소리로 부르짖으신다. 십자가형으로 죽는 자는 목이 막혀 죽기 때문에, 큰 소리를 내는 일은 평범한 일이 아니다. 큰 소리는 마르코에게 악령의 권세를 이겨내신 예수의 외침을 뜻한다. 이제 그 권세는 궁극적으로 무너졌다. 죽음의 무능 한가운데서 예수께서는 인간을 지배했던 그리고 당신이 일생 동안 싸우셨던 악령들을 이기신다. 악령들이 패배한다면, 인간은 참으로 자유롭게 될 수 있고, 모든 어둠을 밝히는 하느님께 신뢰하는 마음으로 향할 수 있다. 마르코는 예수의 죽음을 다음과 같은 말로 끝맺는다. "그런 다음 그분은 당신 영을 내쉬셨다"(15,37). 그리스 비극 작가들은 임종하는 사람이 큰 소리를 지르며 자기 영을 내쉰다고 묘사했다. 이는 "인격적 영이 그 영을 베풀어 준 자에게 다시 되돌려 주는 것"(Grundmann 436)을 뜻힌다. 나는 예수께서 당신 영을 이 세상에 베풀어 주셨다고 이해하고 싶다. 예수께서는 공생활 중에 영의 힘으로 기적을 행하셨다. 그분은 죽음의 순간인 지금 당신 영을 이 세상에 베풀어 주시어, 세상이 영으로 사로잡혀 변화되기를 바라신다. 이 세상이 그분의 영에 의해 가득 차면, 어둠은 물러가고 세상은 악마의 세력이 아니라 예수의 사랑 안에 놓이게 될 것이다. 우리는 모든 것 안에서 예수의 사랑을 느낄 것이다.

예수께서 당신 영을 내쉬셨을 때, "성전 휘장이 위에서 아래까지 두 갈래로 찢어졌다"(15,38). 성전의 질서는 끝장난 것이다. 지성소에 가는 길을 막았던 휘장이 찢어졌다. 이제 하느님께 이르는 길이 모든 사람에게 트인 것이다. 사람들은 하느님께 다가가기 위해 더 이상 성전의 의식을 거칠 필요가 없다. 구원하시는 하느님의 현존을 체험하는 데는 성전의 제관이 더 이상 필요하지 않다. 성전에 거하시는 하느님의 영광에 이르는 길은 이제 모든 사람에게, 심지어 이방인에게도 열리게 되었다. 성전 휘장이 찢어졌다는 것은 하느님의 권능이 계시되었다는 것을 뜻한다. 성전은 하느님의 영광을 가리고 있었다. 십자가에서 구원하시고 거룩하신 하느님의 현존을 가리고 있던 휘장이 열리어, 우리는 그분의 영광스런 모습을 바라볼 수 있게 되었다. 예수께서는 당신의 영을 온 세상에 베풀어 주시기 때문에 하느님의 사랑은 이제 성전에서만이 아니라 세상 어디에서나 체험할 수 있다. 원하든 원하지 않든 모든 사람은 성전 안에 존재하고 있는 것이다. 이 세속적 세상이 예수의 죽음을 통해 거룩하게 되었기 때문이다. 성전 휘장이 찢어졌다는 이 간략한 진술에는 마르코 신학의 역설이 들어 있다. 곧 하느님께서는 당신 자신이 가장 부재한 듯이 보이는 예수 그리스도의 십자가에서, 당신 자신을 온 세상에 거룩하고 자비로운 하느님으로 계시하신다. 실패만 보이는 그곳에서 예수께서는 악마의 권세에 대한 당신의 승리를 선포하신다. 죽음에서 생명이, 어둠에서 빛이 드러나는 것이다.

로마의 백부장은 신앙을 가장 중요하게 증언한다. 그리고 그의 증언은 다시금 역설을 담고 있다. "마주 서 있던 백부장이 예수께서 외치며 숨지시는 것을 보았다"(15,39). 사람들은 백부장이 예수의 비명을 들었을 것이라고만 생각한다. 그러나 그는 그분을 보았다. 그는 깊이있게 보고, 그분을 이해한다. 그런 모습으로 죽는 그분의 모습에 그의 눈이 열리고, 그분의 신비를 깨닫는다. "참으로 이 사람은 하느님의 아드님이셨다"(15,39). 이방인 백부장은 이방인 세계 전체를 대리하여 예수께서 하느님의 아들이심을 고백하고 있는 것이다. 그는 하느님의 영광을 그 아들에게서 받아들일 수 있다는 것을 처음으로 깨달은 사람이다. 이 고백으로 백부장은 예수 죽음의 참된 의미를 밝힌다. 예수의 십자가 죽음으로 모든 사람에게, 여기서 하느님의 아드님이 죽으셨다는 것이 알려지는 것이다. 이로써 마르코는 자기 복음의 전체를 요약한다. 예수께서는 공생활 중에 당신 제자들과 치유받은 사람들에게 당신께서 메시아이심을 알리지 말라고 엄하게 당부하셨다. 그러나 이제 십자가에서는 예수의 참된 신원이 드러나는 것이다. 십자가에서 비로소 그분은 메시아이며 하느님의 아들로 알려질 것이다. 십자가는 사람들이 메시아이신 예수를 그릇되이 이해하는 것을, 곧 정치적이거나 사회적 문제를 해결하는 메시아로 여기는 것을 바로잡아 준다. 십자가에서 비로소 우리는 우리의 그릇된 하느님상과 인간의 허상에서 벗어난다. 그리고 여기서 하느님 아들 예수의 신비가 드러나고, 우리는 하느님의 아들딸임을 고백할 수 있다. 이는 우리가 모든 환난에서 벗어나 이미 구원된 세상에서 살고 있다는 것을 뜻하지 않는다. 마르코 신학의 역설은 오히려 우리에게 이렇게 말하고 있다. 우리 안의 신적 생명은 우리가 무너지는 듯이 보이는 바로 그곳에서 이 세상의 권세를 이겨낸다는 것이다. 예수처럼 우리도 하느님의 아들딸로 드러나는 곳은 십자가다. 만사가 성공적으로 이루어지는 곳이 아니라 막바지에 치닫는 그곳이다. 버림받음과 절망, 극심한 어둠과 실망 속에서도 온전한 신뢰로 자기 자신을 하느님께 내맡기는 사람은 예수의 신비를 이해한 사람이며, 예수와 마찬가지로 하느님의 자녀이다.

세례자 요한의 제자들은 스승의 죽음 후에 시신을 거두어 장사지내기 위해 찾아왔던 반면에, 예수의 제자들은 그분의 죽음 이후에도 나타나지 않는다. 그들의 부재는 배반이 얼마나 심각했었는지를 잘 말해준다. 하지만 마르코는 복음서 말미에 처음으로 여인들의 그룹에 대하여 보도한다. 그들은 멀리서 예수에게 어떤 일이 일어나는지를 바라본다. 그리스어 "테오레인"*theorein*은 "바라보다·관찰하다·묵상하다·주의깊게 바라보다·어떤 사람에 관하여 알다" 등의 뜻이다. 극장 혹은 연극의 의미를 지닌 독일어 "테아터"Theater는 이 그리스어에서 파생되었다. 그러니까 여인들은 예수께서 죽으시는 외적인 모습을 바라본 것이 아니라, 그런 바라봄으로 그분의 참된 신원을 깨달았다는 것이다. 그들은 예수를 묵상했다. 그분의 신비가 그들에게 밝혀지기 시작한다. 그들은 하느님께서 그분에게 행동하시는 것을 바라보았고, 그분 안에 계시는 하느님을 바라보았다. 마르코는 이 여인들에 관해, 예수께서 갈릴래아에 계실 때에 그분을 따르면서 시중들던 여인이라고 말한다. 남자들뿐 아니라 여인들도 처음부터 예수를 추종했다는 것이다. 마르코는 예수의 남성 제자들에게 사용하던 같은 단어를 이 여인들에게도 적용한다. 그들은 남자들과 동등한 예수의 추종자며 제자들이다. 상당히 많은 여성들로 구성된 그룹 가운데 마르코는 단지 세 사람의 이름만 거명한다. 그들은 예수께서 게쎄마니 동산에 따로 데리고 가셨던 중요한 세 남성 제자들과 상응한다. 하지만 이 세 남성 제자들은 배반했다. 그들은 잠을 갔다. 그들은 깨어 있으면서 실재를 있는 그대로 바라보는 일을 마다했다. 이에 비해 여인들은 완전히 깨어 있다. 그들은 눈을 크게 뜨고 있다. 그들은 도주하지 않았고 머물러 있었다. 그들에게서 항구한 마음을 엿볼 수 있다.

마르코 복음의 예수 수난 장면에서 엿볼 수 있는 이런 구성은 아주 독특하다. 네덜란드 주석학자 이에르셀Iersel은 마르코의 개념을 이렇게 요약한다. "마르코 복음에서 예수의 십자가 죽음 이전에는 그분을 추종했던 남성들만 등장한다. 죽음 이후에는 여성들만 일정한 역할을 맡는다. 하지만 이것은 어느 관점에서 보나 하나의 반영을 뜻한다. 남성들은 십자가의 장소에 가까이 다가설수록 그만큼 불성실하게 행동하는 반면, 여성들은 성실한 모습을 보인다"(Iersel 247). 이 여인들 가운데 두 사람은 아리마태아 출신 요셉이 예수의 시신을 안장할 때 이를 지켜보고 있었다. 명망있는 의회 의원인 요셉은 십자가에 처형되신 분을 예를 갖추어 안장했다. 이것은 예수께서 이미 하느님에 의해 인정을 받으시어 하느님의 영광 속에 들어가신다는 것을 상징한다. 요셉은 도저히 예측할 수 없는 빌라도에게 가서 예수의 시신을 청하는 용기를 보여 준다. 빌라도는 예수께서 이미 죽으신 것에 대해 놀라며 시신을 요셉에게 내주었다. 이것은 실제 사건이지만 동시에 상징적 의미를 담고 있다. 빌라도는 예수에 대해 놀란다. 그는 그분을 이해하지 못한다. 스스로 거리를 두는 사람일지라도 예수에 대한 놀라움을 피해갈 수 없다. 예수께서는 모든 독자에게 놀라움, 종교적 전율을 불러일으키신다. 그분은 독자를 단순히 고요 속에 머물게 하지 않으신다. 한편 시신을 내주었다는 것은 예수의 죽음을 통해서 우리 모두에게 그분의 몸이 나누어진다는 것을 뜻한다고 나는 생각한다. 예수께서는 당신 적대자들의 지배 속에 머물러 계시지 않는다. 그분을 처형한 빌라도는 그 몸을 청하는 이에게 준다. 요셉은 예수의 시신을 삼베로 싸서 자신의 무덤에 안장했다. 막달라 여자 마리아와 요세의 어머니 마리아는 "예수께서 어디에 안장되는지 지겨보고 있었다"(15,47). 여기서도 다시 그리스어 "테오레인"이 나온다. 이는 단순한 관객으로 지켜보고 있었다는 뜻이 아니다. 그들은 일어나는 사건을 주의깊게 바라보았고, 사건의 깊은 의미를 알고 있었다는 것이다. 그들은 예수께서 죽으시는 것만이 아니라 묻히시는 것도 보았다. 그들은 외적 사건을 묵상함으로써 그 사건의 내면을 들여다본다. 그들은 사건의 신비를 깨닫는다. 잘 정돈된 무덤에 안장되는 것은 예수의 몸을 의식적으로 그리고 존경하는 마음으로 우리 내면에 받아들인다는 것을 상징한다. 우리가 정성껏 받아들인 그분은 이제 우리 안에서 어둠을 몰아내시고, 죽음과 죄의 얽매임에서 우리를 구원하실 것이다.

예수 부활(16,1-8)

부활날 아침에 무덤으로 가는 세 여인이 다시 등장한다. 이 여인들은 십자가에서 예수의 죽음을 지켜본 사람들이다. 그들은 십자가에서 이미 예수의 신비를 꿰뚫어보았다. 예수께서 그들에게 십자가에서 참된 메시아로 보이기 시작했다. 그들은 이제 예수의 시신에 향료를 발라드리기 위해 무덤에 찾아온다. 죽은 지 사흘째 되는 날 시신에 향료를 바르는 일은 논리적으로 맞지 않다. 하지만 여기서는 깊은 의미가 관건이다. 그들은 예수의 십자가 죽음에서 죽으신 분이 메시아이시며, 하느님에 의해 영광을 차지하신다는 것을 깨달았다. 그들은 이제 "해가 떠오를 무렵"(16,2)인 이른 새벽에 예수께 기름을 발라드려 그리스도로 모시기 위해 무덤에 간다. 떠오르는 태양은 상징적으로 언급되었다. 이 태양은 어두운 밤을 밝히는 예수의 부활을 상징한다. 어두운 밤에 인간은 그리스도 없이는 자기 자신을 찾을 수 없다. 그리고 태양은 여인들의 새로운 시야를 상징하기도 한다. 제자들은 모두 눈먼 사람이 되어 있는 반면, 여인들은 부활날 아침에 볼 수 있는 눈을 지니고 있다. 부활의 태양이 그들을 밝혀 주고 있기 때문이다. 무덤 입구를 막았던 돌도 상징적으로 이해할 수 있다. 돌은 우리 삶을 방해하는 모든 것을 상징한다. 돌이 굴려졌다면, 죽음의 세력은 이미 무너진 것이다. 그렇게 되면 우리의 삶을 억압하고 방해하는 모든 것을 통해서도 우리는 더 이상 주저하지 않을 것이고, 더 이상 차단되지 않을 것이다. 무덤 입구를 막았던 돌은 매우 컸다고 한다. 간혹 바위 덩어리와 같은 큰 돌이 우리를 짓눌러 불안과 어둠의 무덤에서 빠져나오지 못하도록 방해하기도 한다.

여인들은 무덤 안으로 들어갔다. 그들은 용감했다. 그들은 예수의 시신이 어디에 있는지, 그 시신에게 무슨 일이 일어나는지를 분명하게 확인하고 싶었다. 그들은 행운을 가져다주고 분명한 의식을 상징하는 오른편에 "웬 젊은이가 흰 예복을 입고 앉아 있는 것"(16,5)을 보았다. 흰 예복은 그가 천상의 존재, 곧 하느님에게서 온 전령임을 암시해 준다. 하늘의 전령인 천사는 여인들에게 놀라움을 불러일으켰다. 놀라움은 신적 존재의 발현에 대해 인간이 보이는 전형적 반응이다. 여인들은 거기에서 보았던 것이 하느님과 관련되어 있음을, 예수의 운명에 대한 하느님의 개입으로 부활이 이루어진다는 것을 분명하게 감지한다. 전령은 여인들에게 이렇게 말한다. "너무 놀라지 마시오. 여러분은 십자가에 처형되신 나자렛 사람 예수를 찾고 있지만, 그분은 부활하여 여기 계시지 않소. 보시오, 그분을 안장했던 곳이오"(16,6). 천사의 첫 말씀은 여인들을 안심시키기 위한 말이다. 하느님께서 예수에게 행하신 일은 여인에게 구원을 가져다준다. 따라서 여인들은 두려워할 필요가 없다. 천사의 두 번째 말씀은 예수의 운명을 여인들에게 알려 주는 말이다. 예수께서는 십자가에 처형되신 분으로 묘사된다. 여인들은 이틀 전에 십자가에 달리신 예수를 보았다. 그러나 죽음은 마지막이 아니었다. 그분은 부활하셨다. 그분은 무덤에서 더 이상 찾을 수 없다.

하늘의 전령은 이제 여인들을 부활의 기쁜 소식을 전하는 전령으로 만든다. 그들은 제자들에게 그리고 특히 베드로에게 이렇게 말해야 한다. "예수께서는 말씀하신 대로 여러분에 앞서 갈릴래아로 가실 것이니, 거기서 뵙게 될 것입니다"(16,7). 예수께서는 십자가에서 백부장에 의해 하느님의 아들로 알려지신 분만이 아니다. 그분은 제자들에 앞서 가시는 분이다. 당시의 제자들뿐만 아니라 복음의 모든 독자들과 미래의 신앙인에 앞서 가시는 분이다. 우리는 그리스도인으로서 이천 년 전에 지상에 사셨던 예수만을 기억하는 것이 아니다. 그분은 오늘날도 살아 계시며, 우리의 길에 늘 앞서 가신다. 예수를 메시아로만 고백하는 것만으로는 충분하지 않다. 악령들도 그렇게 고백했다. 그리스도인은 예수의 길을 추종하며 예수를 바라보는 사람이다. 바라본다는 것은 내적으로 깨닫는 것을 뜻한다. 제자들은 예수의 수난에서 눈먼 맹인이 되었다. 눈먼 바르티매오만이 볼 수 있게 된 다음 예수께서 가시는 길을 추종했다. 그리고 여인들은 열린 눈으로 예수의 죽음과 무덤을 바라보는 것을 감행했다. 부활하신 다음 모든 제자들은 예수께서 실제로 어떤 분이신지를 보아야 한다. 그들은 자신들에 앞서 가시며 가야 할 길을 알려 주시는 분이 바로 예수임을 깨달아야 한다.

 예수께서는 제자들보다 먼저 갈릴래아로 가신다. 여기서 갈릴래아는 무엇을 뜻하는가? 우선 갈릴래아는 예수 주변의 여인들뿐 아니라 남자들에게도 고향을 뜻한다. 독자도 천사의 말씀에 따라 갈릴래아를 그가 살고 일하는 장소로 생각할 수 있다. 하지만 갈릴래아는 또한 예수께서 활동하셨던 주요 무대를 의미한다. 갈릴래아에서 그분을 뵙게 된다는 것은 "그분의 신원을 우리와 똑같은 분으로서 십자가에 처형되시고 부활하신 분"(Gnilka 2,343)으로 깨닫는다는 것을 뜻한다. 예루살렘을 떠나 갈릴래아로 간다는 것은 또한 "이방인에게 간다"(Gnilka 2,343)는 것을 뜻한다. 갈릴래아로 가라는 천사의 요구를 현대식으로 표현하자면 이렇게 말할 수 있을 것이다: 그대가 거주하고 일하는 곳에서, 그대가 이방인과 함께 사는 곳에서, 그대 내면의 이방인적 요소를 깨닫는 곳에서, 그대는 마지막 순간까지 천상의 아버지께 신뢰하시는 예수님을 깨달을 수 있고 아울러 그분의 그런 신뢰가 하느님에 의해 부활로 인정받으시는 것을 깨달을 수 있을 것이다.

마르코가 복음서에서 묘사하는 메시아는 예수의 지상 활동 중에는 공공연하게 선포되지 않는다. 부활 후에 비로소 메시아의 신비가 밝혀진다. 이것은 우리에게도 마찬가지다. 우리는 예수를 십자가에 처형되신 분이며 동시에 부활하신 분으로 생각할 때에만, 그분을 우리의 삶에서 참된 해방자이신 메시아로 보고 믿을 수 있다. 우리가 십자가를 짊어지는 곳에서, 이해할 수 없는 모진 운명이나 어떤 사람에 의해 늘 어려움과 고통을 겪는 곳에서 우리는 부활하신 분을 만날 수 있다. 곧 우리의 굳은 신뢰가 하느님에 의해 인정받는다는 것을 확신할 수 있다. 실패·좌절·환멸·죽음은 최종적인 것이 아니다. 우리의 지상활동 가운데 예수께서는 부활하신 분으로서 우리와 함께 계시다. 그분은 구원하시는 하느님의 현존에 대한 신뢰에서 우리를 떼어놓을 수 있는 것은 아무것도 없다는 것을 알려 주신다. 죽음마저 하느님의 자비로운 손길에서 우리를 멀어지게 할 수 없다. 오히려 우리는 삶 한가운데 작은 죽음들을 많이 경험하고, 이 세상의 삶을 마감할 때 하느님의 자비에 맡겨져 하느님에 의해 하느님의 사랑하는 아들 딸로 인정받게 될 것이다.

여인들은 예수의 부활을 선포하기 위해 기쁜 마음으로 제자들에게 돌아간 것이 아니다. 오히려 마르코는 주석학자들이 지금까지 명확하게 납득하지 못하는 다음 구절로 자신의 복음서를 마감한다. "여자들은 밖으로 나와 무덤에서 달아났다. 그들은 벌벌 떨며 넋을 잃었고, 너무나도 겁이 나서 아무에게도 말을 하지 않았다"(16,8). 이것은 본래 마르코 복음의 참된 결말이 아니었을 것이라고 많은 주석가들은 생각한다. 모든 주석가들은 일치하여 16장 9-20절이 뒤늦게 첨가된 부분이라고 말한다. 16장 9-20절은 오래된 필사본들에는 아예 찾아볼 수 없기 때문이다. 하지만 마르코 복음은 본디 어떻게 끝났는가? 나는 지금 있는 그대로의 모습으로 결말을 받아들이고, 그 의미를 찾는 일이 가장 합리적인 대안이라고 생각한다. 마르코는 자신의 복음서를 "해피 엔드"로 끝내지 않는다. 오히려 결말을 열어 둔다. 이런 유보는 독자들이 늘 복음서를 읽고, 그렇게 듣고 읽는 가운데 나자렛 사람 예수의 신비에 눈을 열어 두라는 뜻이다. 천사의 소식은 결국 제자들과 베드로에게만 해당되는 것이 아니라 우리 모두에게도 해당된다. 독자는 하늘의 전령인 천사가 전하는 기쁜 소식을 과연 믿느냐는 질문을 받고 있는 셈이다. 열린 채 끝낸 복음의 결말은, "결론적으로 늘 그랬던 것처럼 예수를 추종하는 길 외에 다른 길이 없다는 것을 들었다는 이유에서"(Iersel 253) 독자가 복음서를 조용히 덮고 일상의 일에 몰두하는 것을 허용하지 않는다. 복음서의 제자들은 예수와 함께하는 여정에서 눈먼 상태를 벗어나지 못했다. 하지만 복음을 올바로 읽는 사람은 눈먼 상태에서 치유된다. 그는 볼 수 있게 되고, 예수의 여정과 말씀에서 "자신의 고유한 삶의 여정을 위한 행동의 모델"(Iersel 254)을 깨닫는다.

이에르셀은 마르코의 결말을 있는 그대로 받아들여야 한다고 변호한다. 왜냐하면 이 결말은 우리가 이 책을 조용히 손에서 내려놓고 일상으로 다시 귀환하는 것을 허용하지 않기 때문이다. 이 결말은 독자를 여인의 경우처럼 당황하게 하고 넋을 잃게 한다. "마르코의 결말은 독자를 계속 괴롭힌다. 왜냐하면 가장 비참하게 죽임을 당하신 예수께서 이제 하느님에 의해 죽은 이들 가운데서 부활하시고, 당신을 추종하려는 사람에 앞서 가시는 분으로서 독자의 마음 깊은 곳을 사로잡기 때문이다"(Iersel 261). 마르코 복음의 결말을 있는 그대로 받아들여야 하는 또 다른 이유가 있다. 마르코 복음 전체를 두루 바라보는 사람은 복음서가 많은 부분에서 조화있게 예술적으로 구성되어 있음을 깨닫는다. 복음의 시작과 끝은 많은 부분 서로 조화를 이루고 있다. 복음은 광야에서 시작되고, 무덤에서 끝난다. 이 광야와 무덤은 죽음의 장소이며 또한 새로운 생명이 솟아나는 장소이다. 마르코는 "기쁜 소식의 시작"이란 말로 복음을 시작한다. 그리고 하늘의 전령이 예수의 부활을 전하는 것으로 끝난다. 복음의 시작에는 하느님께서 길을 준비하기 위해 예수에 앞서 보내셨던 전령이 세례자 요한이 등장한다. 요한은 참회의 옷인 낙타털옷을 입었다. 복음의 결말에서 하늘의 전령은 빛나는 흰 예복을 입고 나타난다. 천사의 옷은 그가 선포하는 새로운 시대를 암시한다. 이제는 예수께서 친히 제자들의 길을 준비하신다. 그분은 제자들에 앞서 갈릴래아에 가신다. 우리가 살고 있는 곳이면 어디서나 예수께서는 우리를 위해 길을 닦으시어, 우리가 확실한 발걸음으로 당신을 추종할 수 있게 하시고, 그런 추종에서 조건없이 우리를 사랑하시는 분으로 하느님을 체험하게 하신다. 예수께서 요르단 강에서 세례를 받으시고 물에서 올라오시자 하늘이 갈라지며 다음과 같은 소리가 하늘에서 들렸다. "너는 내 사랑하는 아들, 나는 너를 어여삐 여겼노라" (1,11). 예수께서 무덤에서 나오시는 복음의 말미에서 예수께서는 신앙으로 볼 수 있게 된 모든 사람에게 당신이 하느님의 사랑받는 아들이심을 계시하신다. 부활하신 분은 우리에 앞서 갈릴래아로 가신다. 그리고 우리도 믿는다면, 죽음에서 생명으로 부활할 것이며, 하느님의 사랑받는 아들딸로서 참회와 회개를 통해서가 아니라 새 생명에 대한 기쁨을 통해 우리의 길을 갈 수 있다는 것을 깨닫게 해주신다.

맺는말

마르코 복음은 오늘 우리에게 어떤 메시지를 주는가? 악마와 어둠의 세력에 관한 이야기는 우리에게 낯설지 않은가? 마르코 복음의 신학은 유다인을 겨냥한 마태오 복음과 그리스 철학을 대상으로 한 루가 복음에 너무나 뒤떨어지지 않은가? 우리는 마르코 복음의 난해함과 풀리지 않는 수수께끼들, 이를테면 끝까지 계속된 제자들의 몰이해나, 부활의 메시지를 계속 전하지 않은 여인들을 어떻게 이해해야 할까?

나는 마르코 복음을 다루면서 떠올랐던 몇 가지 개인적인 인식과 인상을 이야기할 수 있을 뿐이다. 마르코 복음에서 내가 감동한 대목은 예수를 구원자로 제시한 대목이다. 하지만 그분은 이른바 '자상한 구원자'Softy-Heiler가 아니다. 그분은 성령의 힘으로 질병의 세력과 싸우시는 분이며, 인간의 삶을 훼방하는 모든 세력과 권세에서 인간을 해방하시는 구원자다. 나는 영적 지도의 직무를 수행하면서 마르코 복음의 이런 예수께서 가까이 현존해 계심을 종종 체험했다. 왜냐하면 나는 영적 지도가 힘겨루기 싸움임을 자주 체험했기 때문이다. 물론 이 싸움은 내 앞에 앉아 있는 내담자와의 싸움이 아니라, 그를 옭아매고 있던 삶의 자세, 그릇된 인간관, 사람을 병들게 하는 하느님상, 내적 억압, 선입견과 경직된 태도와의 싸움이다. 이런 싸움을 할 때마다, 나는 환자가 자신의 문제를 즉시 깨닫고 올바로 처신하게 만드는 예수의 명쾌한 능력을 자주 소망한다. 예수처럼, 나도 질병 뒤에 숨는 사람과 대결하여 그를 환상에서 일깨우고 싶다. 왜냐하면 우리 스스로 만든 환상은 자주 우리 자신을 병들게 하기 때문이다. 예수께서는 환자의 눈을 열어 주시어 자신의 환상에서 벗어나 진리를 대면하게 하신다.

마르코 복음의 나자렛 사람 예수는 그분이 지닌 강한 영향력 때문에 내 마음에 들었다. 그분이 나타나시면, 사람들은 그분을 지나칠 수 없고 반드시 그분을 대면해야 한다. 이 예수께서는 순수하고 명확하게 현존하신다. 그분은 단순히 현존해 계시다. 아무도 그분에게서 발산되는 힘을 피할 수 없다. 그분은 누구에게나 필요한 바를 분명하게 말씀하신다.

그분은 그에게 진리를 대면하게 하신다. 예수께서는 그의 중심에 서 계시며, 그 중심에서 행동하신다. 그래서 환자가 자신의 참된 본질을 찾아 온전히 치유 받을 수 있도록 행동하신다. 예수께서는 당신의 진리로 환자와 대결하신다. 그분은 자기 질병의 책임이 타인에게 있다고 생각하는 환자의 착각을 걷어내신다. 그분은 환자에게 건강을 회복할 수 있는 행동을 하라고 요구하신다. 그분은 다른 사람을 다정하게 대하고, 그의 눈을 손으로 감싸 신뢰를 불러일으키신다. 그래서 환자가 눈을 뜨고 있는 그대로의 세상을 바라볼 수 있게 하신다. 이 예수에게서 환자들을 일어서게 하는 힘이 나오고, 자신들이 조건없이 받아들여졌다고 느끼게 하는 신뢰의 공간이 열린다. 예수에게서 사람들은 자신들의 존엄을 신뢰하는 힘을 얻는다.

마르코 복음을 다루면서 내가 감동한 셋째 대목은, 복음서가 끊기고 해결되지 않고 조화되지 않은 채 마감된다는 점이다. 마르코는 단지 암시하고 있을 뿐이다. 겉으로 볼 때, 복음은 빈무덤의 발견과 부활 천사의 메시지를 통해서도 해결되지 않은 것처럼 보이는 비극으로 끝난다. 마르코는 여인들의 불안과, 천사의 명령을 실행하지 않고 오히려 거부하는 여인들의 모습을 그대로 소개한다. 그는 매끄러운 해결책을 주지 않는다. 따라서 마르코의 묘사에서 예수를 둘러싼 신비를 제대로 깨닫기 위해서는 이면을 바라보는 깊은 시선이 필요하다. 그분은 메시아다. 병자들을 치유하고 악령들과 싸우는 곳에서, 예수를 마음대로 다루려 했던 적대자들의 손에 무력하게 넘겨지는 곳에서도 그분은 메시아다. 마르코가 묘사한 모든 것은 깊은 의미를 지니고 있다. 하지만 그 예수를 이해하고 그분을 추종하기 위해서는 신앙의 눈이 필요하다. 이 때문에 두 맹인 치유 이야기는 복음의 핵심 자리를 차지한다. 그 이야기에서 우리는 우리 자신을 깨달을 수 있다. 예수께서 우리 눈을 열어 주시는 것은 쉬운 일이 아니다. 그분은 단번에 그렇게 하지 않으신다. 우리는 처음에 사람을 나무 같은 것으로 본다. 이는 우리가 마르코 복음을 처음 읽을 때 많은 진리를 아직 바라보지 못함을 상징하고 있다. 우리는 나자렛 예수의 신비를 매우 불명확하게 깨닫는다. 예수의 모습을 분명하게 깨닫고, 예수께서 당신의 모든 희망을 내거셨던 하느님을 깨닫기 위해서 우리는 복음을 거듭 읽어야 한다.

두 번째 맹인 치유 이야기에서 예수께서는 바르티매오에게 원하는 것이 무엇이냐고 물으신다. 당신께서 무엇을 해주기를 원하느냐는 것이다. 매번 관객으로서만 마르코 복음을 읽을 수는 없다. 우리는 그분께서 우리에게 무엇을 해주기를 바라는지 말씀드려야 한다. 곧 악의 세력에 사로잡혀 우리 삶이 방해받고 있는 부분에 대해 말씀드려야 한다. 그렇게 할 때, 마르코 복음의 예수와의 만남은 우리 눈을 열어 줄 것이고, 그분이 어떻게 우리 삶 전체를 치유하고 변화시키시는지를 이해하게 될 것이다.

마르코 복음을 다루면서 내가 또 중요하게 생각한 것은 그의 십자가 신학이다. 하느님의 영광은 바로 십자가의 감추어짐에서 계시된다. 그분의 권능은 무능에서 승리한다. 어둠은 자신의 권능을 가장 크게 발휘하는 곳, 곧 온 세상을 어둠으로 덮은 예수의 죽음에서 극복된다. 가장 크게 버림을 받고 가장 큰 불안을 체험하는 바로 그곳에서 하느님께 대한 굳은 신뢰가 이루어진다. 마르코는 우리에게 조화로운 신학을 제시하는 것이 아니라 우리를 평안치 못하게 하는 신학을 제시한다. 하지만 이런 중단된 신학은 우리의 시간을 필요로 한다. 현대에는 모든 물음에 대해 막힘 없이 대답하는 신학이 많이 있다. 하지만 그들의 대답은 머리에만 다다를 뿐, 마음에는 다가오지 않는다. 9·11 테러와 에르푸르트Erfurt의 살인 광란에 직면하여 우리에게는 신학적 설명이 다양하게 떠올랐다. 나는 마르코 복음을 생각했다. 이 복음은 예수의 수난을 그 영광스러운 모습을 고려하지 않은 채 보도하고 있다. 곧 무능·불안·절망·무지·버림받음·배반당함을 묘사한다. 하지만 깊이 바라보는 사람만이 이런 이해할 수 없는 사건 이면에서 하느님을 깨닫는다. 그 하느님께서는 죽은 이들을 다시 살리시고, 어둠을 밝혀 주시고, 폭력과 증오의 악마가 가장 권세를 발휘하는 그곳에서 그 악마를 물리치신다.

오늘날 모든 것을 긍정적으로 바라보고 부정적인 것을 등한시하려는 경향이 있다. 하지만 이런 경향은 우리를 막다른 골목길에 이르게 한다. 우리가 긍정적 사고방식을 통해 모든 것을 우리에게 유리한 쪽으로 만들어 갈 수 있다는 생각은 그릇된 것이다. 마르코는 우리에게 다른 길을 제시한다. 그는 두 가지를 묘사한다. 첫째, 병자를 치유하고 큰 성공을 거둔 예수, 충만한 권능으로 적대자를 물리치고 하느님의 뜻이라고 생각되는 것을 과감하게 실천하시는 예수를 묘사한다. 둘째로, 이 예수는 유다나 베드로의 배반에 저항하지 않으신다. 그분은 대제관과 빌라도 앞에서 고발자들의 주장을 거슬러 당신 자신을 옹호하실 수 없다. 그분은 고대인들에게 가장 모욕적인 죽음으로 알려진 십자가의 죽음을 방해하실 수 없다. 성공과 실패, 권능과 무능, 신뢰와 절망, 기쁨과 슬픔, 죽음과 부활 사이의 이런 긴장 안에서만 오직 우리의 삶은 바르게 묘사된다.

마르코가 우리에게 제시하는 예수의 모습에는 이런 팽팽한 긴장도 있다. 그분은 다정하고 친절한 분이 아니다. 그분은 힘찬 권능을 행사하시고 분노하실 수 있는 분이다. 당신 가족에게 인정을 받지 못하고, 오히려 어머니를 포함한 친척들에게서 미친 사람 취급받는 분이다. 그분은 병자를 고쳐주실 뿐만 아니라 열매 맺지 못하는 무화과나무를 저주하신다. 그분은 제자들이 풍랑을 만나 바다의 심연 속으로 빠져들어가는 위협을 겪는 동안 뱃고물에 누워 잠을 자는 분이다. 마르코는 예수에 관한 분명한 형상을 만들려는 우리를 방해한다. 우리가 마르코에게서 발견할 수 있는 긴장을 버티고 또 간직할 때만 예수의 신비는 우리에게 밝혀진다. 그분은 우리가 당신 자신을 온전히 알 수 있도록 하지 않으신다. 그분은 알 수 없는 분, 감명을 주는 분, 내가 이해할 수 없는 분, 나를 감동시키는 분, 나를 화나게 하는 분이며, 그런 분이시기를 바라신다. 우리는 마르코 복음에서 역사적 예수에 가장 가깝게 다가간다. 하지만 우리가 역사적 예수에 가깝게 다가갈수록, 그만큼 그분은 구석으로 밀려나신다. 여기서 우리는 예수께서 헤로데의 군인들에게서 늘 피신해야 하셨다는 것, 가열된 정치 상황에서 체포되고 처형될 것을 늘 각오해야 하셨다는 것을 알 수 있다. 우리가 만나는 예수는 바리사이들과 에세네파 사이에서, 바리사이들 내부의 상이한 학파들 사이에서, 젤롯 당원과 사두가이파 사이에서, 유다인과 로마인 사이에서 당신의 길을 찾으시는 분이다. 그분은 당시에 무엇인가 말해야 했던 사람들의 상이한 관심 속에 상처를 입고 외적으로 실패하신 분이다. 하지만 우리가 궁극적으로 설명할 수 없는 이 예수 안에서 하느님께서는 우리를 만나신다. 십자가를 짊어지신 예수 안에서 우리는 불안과 무능, 어둠과 파멸, 악과 악령을 극복하셨고 하느님의 오른편에 앉아 계신 분을 볼 수 있다.

마르코 복음의 핵심 메시지를 집약하여 표현한다면, 나는 이렇게 말하고 싶다: 모든 불안에 대항하는 신뢰, 모든 절망에 저항하는 희망, 모든 어둠에 대항하는 빛, 모든 증오를 거역하는 사랑이라고. 예수께서는 계명의 체계를 부과하심으로써 우리에게 뭔가를 요구하시는 분이 아니다. 그분은 신심에 대한 어떤 이데올로기를 조장하시는 분이 아니기에, 우리를 못견디게 하시는 분이 아니다. 그분은 당신의 차단된 모습에서, 인간의 생각과는 전혀 다른 당신의 모습에서 항상 우리의 길을 걷도록 도와주시고, 그 길에서 겪게 될 갈등과, 우리의 인생관을 무너뜨릴 수 있는 실패에 대해 불안해하지 마라고 말씀하신다.

십자가에서 생을 마감하신 까닭에 그 조화로움을 전혀 찾아볼 수 없는 예수께서는 우리에게 한없이 깊은 신뢰를 베풀어 주신다. 곧 사람들이 우리 자신과 우리 길을 판단하고 평가하듯이 우리 길은 하느님의 영광과 사랑에서 끝나리라는 신뢰를 주신다.

 그러므로 나는 독자들도 마르코 복음을 묵상하는 가운데, 예수께서 체험하셨던 신뢰, 죽으시고 부활하실 때 마음속에 고이 간직하셨던 그 신뢰를 깊이 맛보기를 소망한다.

참고 문헌

Eugen DREWERMANN, *Das Markusevangelium. Bilder von Erlösung*, 5. Aufl., Düsseldorf 1994.

Heribert FISCHEDICK, *Der Weg des Helden*, München 1992.

Joachim GNILKA, *Das Evangelium nach Markus*. Bde. 1/2, Zürich 1978f.

Anselm GRÜN / Maria-M. ROBBEN, *Finde deine Lebensspur. Die Wunden der Kindheit heilen — Spirituelle Impulse*, Freiburg 2001.

Walter GRUNDMANN, *Das Evangelium nach Markus*, Berlin 1977.

Bas VAN IERSEL, *Markuskommentar*, Düsseldorf 1993.

Karl KERTELGE, *Markusevangelium*, Würzburg 1994.

Rudolf PESCH, *Das Markusevangelium*, 1. und 2. Teil, Freiburg 1976/7.

Johannes SCHREIBER, *Theologie des Vertrauens. Eine redaktionsgeschichtliche Untersuchung des Markusevangeliums*, Hamburg 1967.

, *Theologische Erkenntnis und unterrichtlicher Vollzug*, Hamburg 1968.

Eduard SCHWEIZER, *Das Evangelium nach Markus*, Göttingen 1965.